CHOCOLATE AMARGO

Gordon Ramsay

CHOCOLATE AMARGO

UMA AUTOBIOGRAFIA

Tradução
Mariana Lopes e Hugo Machado

BestSeller

CIP-BRASIL. CATALOGAÇÃO-NA-FONTE
SINDICATO NACIONAL DOS EDITORES DE LIVROS, RJ.

Ramsay, Gordon
R15c Chocolate amargo / Gordon Ramsay ; tradução: Mariana Lopes, Hugo Machado. – Rio de Janeiro: Best*Seller*, 2011.

Tradução de: Humble Pie
ISBN 978-85-7684-325-2

1. Ramsay, Gordon. 2. Cozinheiros – Grã-Bretanha – Biografia. I. Título.

10-5958. CDD: 926.415
CDU: 929:641.5

Texto revisado segundo o novo Acordo Ortográfico da Língua Portuguesa.

Título original inglês:
HUMBLE PIE

Publicado originalmente em inglês pela HarperCollins Publishers Ltd.
77-85 Fulham Palace Road
Hammersmith, London W6 8JB

Adaptação de capa: Elmo Rosa
Editoração eletrônica: Abreu's System

Imagem de capa e lombada © James Barehan
Imagem de quarta capa © Gordon Ramsay

Impresso no Brasil

ISBN 978-85-7684-325-2

Para minha mãe,
— você merece uma medalha.

SUMÁRIO

PREFÁCIO

Na minha mão, tenho um pedaço de papel. É a letra da minha mãe. É uma lista — uma lista enorme — de todos os lugares onde moramos até eu sair de casa. Vejo a lista agora e há tantos lugares... Meus olhos percorrem a folha tentando ler os garranchos da minha mãe, mas logo me perco. Esses lugares não significam muito para mim; é engraçado como me lembro poucos deles. Em alguns casos, acho que é porque não ficamos lá nem cinco minutos. Mas, em outros, é mais uma tentativa de esquecê-los o mais rápido possível. Quando se é infeliz em um lugar, você quer esquecê-lo o quanto antes. Não ficamos remoendo os detalhes de uma casa que associamos ao medo, à vergonha e à pobreza — quando eu era menino, me sentia frequentemente com medo e com vergonha, e sempre pobre.

A vida foi uma série de fugas, de mudanças que sempre terminavam mal. O lugar seguinte sempre seria um lugar melhor — um pequeno jardim, uma porta de entrada nova —; o lugar onde tudo finalmente se acertaria. Mas isso nunca acontecia, é claro. Nossa vida em família foi construída tendo como base uma série de sonhos fantasiosos — os sonhos do meu pai. E ele era um homem cujos sonhos sempre se esvaíam.

Acho que as pessoas não me compreendem totalmente quando me veem na televisão ou nas páginas de uma revista. Tenho uma família maravilhosa, uma casa grande e um carro luxuoso na garagem. Sou dono de muitos dos melhores restaurantes do mundo. Ando por aí, xingando os outros, falando palavrão, mandando nas pessoas — minha boca está sempre me metendo em encrencas. Todos devem achar que sou um grande filho da mãe. Sei que eu acharia isso. Mas não é uma questão de ser presunçoso. A minha vida, como a da maioria das pessoas, consiste em garantir meu sustento. Trata-se de trabalho duro. Trata-se de sucesso. Além disso, porém, há mais uma coisa em jogo. Será medo? Talvez. Sou tão determinado quanto qualquer homem que você conheça. Nunca consigo ficar parado. Tirar férias é impossível. Tenho fogo no rabo — sempre tive. Quando penso sobre mim mesmo, ainda vejo um menino desesperado para fugir e agradar os outros. O fato de eu já ter fugido há muito tempo e de estar agradando as pessoas há muito tempo não teve praticamente impacto algum. Continuo seguindo em frente, me distanciando o máximo possível do lugar de onde comecei. Aonde será que quero chegar? Apenas imagino... Meu trabalho me define, é o que quero ser. Às vezes penso que, se parar de trabalhar, vou deixar de existir.

Esta, então, é a história dessa jornada — até agora. A infância complicada. Meu falso começo no futebol. Os anos que passei trabalhando literalmente vinte horas por dia. As lutas contra meus demônios. O vício em heroína do meu irmão. A morte do meu pai e a do meu melhor amigo. Tenho apenas 40 anos e parece, mesmo para mim, que tive uma jornada realmente longa em um tempo muito curto.

Será que vou chegar lá? Me diga você.

CAPÍTULO 1

MEU PAI

A PRIMEIRA COISA de que me lembro? O Barras — em Glasgow. É um mercado — o lugar mais atordoante e extraordinário, com pessoas brigando e cheio de quinquilharias de segunda mão. Evidentemente estávamos acostumados com essas merdas de segunda mão. Nesse sentido, tive uma infância no estilo Barras. No entanto, as coisas não precisavam ter sido tão ruins. Na maior parte do tempo, nossa vida dependia de o papai estar trabalhando ou não — e quando eu nasci, no Thornhill Maternity Hospital, em Johnstone, Renfrewshire, ele estava trabalhando. Por incrível que pareça.

Até os meus 6 meses, morávamos em Bridge of Weir, um lugar confortável e arborizado na zona rural, nos arredores de Glasgow. Meu pai, que havia nadado pela Escócia aos 15 anos — uma realização que o deixara muito metido, se quiser saber a minha opinião —, era gerente de piscinas lá. Depois disso, nos mudamos para a cidade natal dele, Port Glasgow — que era menos salubre, porém tranquila —, onde ele gerenciaria outra piscina. Tudo teria ficado bem, caso ele tivesse conseguido manter a boca fechada. Mas nunca conseguia. Tão certo como a noite segue o dia, ele logo discutiria com alguém e seria demitido; esse era o padrão. E porque nossa casa geralmente estava atrelada ao emprego dele, quando o perdia, ficávamos desabrigados. Era hora de nos mudarmos. Essa era a história da nossa vida: nós éramos itinerantes desesperançados.

Que tipo de pessoas eram meus pais? Meu pai era um mulherengo bêbado, um homem para quem era impossível dizer "não". Ele era competitivo, tanto com os filhos quanto com qualquer pessoa, e era prolixo, muito prolixo. Ele tinha orgulho de dizer a verdade, apesar de não ter moral nenhuma para dar sermão em ninguém. Minha mãe era, e ainda é, mais delicada e inocente, apesar de ser forte por dentro. Ela precisou desenvolver essa força ao longo dos anos. Me deram o nome do meu pai, outro Gordon, mas acho que me pareço mais com ela: o cabelo claro, o rosto amassado. Tenho a força dela também, uma capacidade de seguir em frente independentemente dos obstáculos que a vida apresenta.

Minha mãe não se lembra de nada da mãe dela, pois minha avó morreu com apenas 26 anos, dando à luz minha tia. Quando era pequena, minha mãe se mudava muito, como uma mercadoria com o endereço errado, até finalmente ir parar em um orfanato. Acho que a madrasta dela não a queria por perto, e o pai dela, um motorista de van, havia se tornado um alcoólatra. Mas minha mãe gostava do orfanato, mesmo separada do pai e dos irmãos. Lá era seguro, limpo e organizado. O problema era que também a deixava vulnerável. Não é nenhuma surpresa ela ter se casado com meu pai — o primeiro homem em que ela bateu os olhos —, já que sua vida em família havia sido tão dura. Ela só queria alguém para amar. O papai era um canalha, mas pelo menos era o canalha.

Quando tinha 15 anos, minha mãe viu que era hora de seguir seu próprio caminho no mundo. Ela começou trabalhando como babá. Depois, aos 16, treinou para ser enfermeira. Mudou-se para uma moradia de enfermeiras — um tipo de lugar com sabonete carbólico e piso encerado — onde o sistema era tão rígido quanto o de qualquer cozinha. No mundo lá fora, os anos 1960 estavam no auge. As cafeterias expressas haviam chegado a Glasgow, e todas as meninas saltitavam por lá de saias curtas e batom branco. Mas não minha mãe. Para poder sair, ela precisava de um "passe", e mesmo assim, só podia ficar na rua até as 22h. Em determinada noite de segunda-feira, ela conseguiu um passe para sair para dançar com uma amiga. Mas, quando chegaram lá, o local estava fechado. Foi nessa hora que bateu a adrenalina. Por que elas não podiam ir aos bailes, como toda adolescente? E foi isso que fizeram. Um homem tirou minha mãe para dançar, era meu pai, sempre de olho na melhor oportunidade. Ele tocava na banda de lá, e ela achou que ele era um superstar. Afinal, ela só tinha 16 anos. Quando ficou tarde, e o tempo estava acabando, havia o perigo de ela perder o ônibus. Tudo em que mamãe conseguia pensar era o pesadelo que seria ter de chamar a freira da noite para vir buscá-las e levá-las de volta ao dormitório. Então, meu pai e seu amigo ofereceram uma carona para as duas. Bem, ela achou aquilo tudo muito emocionante, até mesmo glamoroso. Ele era cantor e ela nunca havia conhecido um.

Depois disso, eles se encontravam regularmente, sempre que ela não estava trabalhando. Quando ela fez 17 anos, eles se casaram — no dia 31 de janeiro de 1964, no cartório de registro civil de Glasgow. Foi um casamento humilde. Não havia convidados, apenas duas testemunhas, ela não teve o vestido de noiva e não fez nada depois, nem saiu para tomar um drinque. Os pais dele eram muito rígidos. O pai, que trabalhava como açougueiro para a Dewhusrts, era um ancião da igreja. Beijos, abraços e qualquer carinho eram estritamente proibidos. Minha mãe atribui muitos dos problemas do meu pai a esse comportamento austero. Ela tem uma lembrança muito clara de um dia, cerca de duas semanas depois do casamento.

Seus novos sogros tinham um quarto onde guardavam seus melhores ornamentos, todos cobertos. Seu sogro chamou meu pai para conversar naquele quarto, e sua sogra levou minha mãe para conversar em outro. Ela perguntou à minha mãe se estava grávida.

— Não estou, não — disse minha mãe, levemente irritada.

— Então por que se casaram? — perguntou sua nova sogra.

Já fiz essa pergunta à minha mãe algumas vezes. É uma pergunta difícil. Estou feliz de ter nascido, é óbvio, mas meu pai era um cara tão escroto e a tratava tão mal que é difícil, às vezes, imaginar por que ela ficou com ele. A resposta dela é sempre a mesma: "Ele queria se casar, e eu pensei 'Ah, seria bom ter a minha própria casa e meus próprios filhos'." No entanto, ela sabia que ele seria encrenca, desde o início.

Dez meses depois, minha irmã Diana nasceu, e meu pai arranjou um emprego em um orfanato em Bridge of Weir. Eles ganharam um bangalô naquela região e minha pobre mãe realmente achou que seus sonhos haviam se tornado realidade. Havia uma piscina no orfanato, onde ele era instrutor e gerente. De acordo com a mamãe, era lindo — até mesmo idílico. Até que tudo começou — a bebida e o temperamento. Ela descobriu que, na época em que iam se casar, papai estava sob observação por ter bebido e se envolvido em uma briga, mas ele disse que a culpa não tinha sido dele e, como uma idiota, ela acreditou. Mamãe estava completamente apaixonada, sabe? A violência contra ela começou logo depois disso. Ele batia nela e, pelo fato de não ter tido nenhuma outra experiência com homens, ela achou que toda mulher simplesmente deveria aturar essas coisas. Quando o pai dela disse que meu pai era ruim, ela se recusou a acreditar. Quando visitava a casa do pai e tirava o casaco, havia machucados em seus braços e talvez um corte no supercílio ou nos lábios.

"Ah, eu bati no armário da cozinha, pai", ela dizia. Ele a acusava de mentir, de estar disfarçando, mas ela se fazia de surda, é claro.

Depois, veio o emprego em Port Glasgow. O retorno do filho pródigo. Papai tinha noção de que tudo aquilo era ótimo — sua carreira como nadador significava que todo mundo na cidade o conhecia. Eles ganharam uma boa casa do governo, e acho que mamãe sentia que estava bem acomodada. Mas papai estava completamente confuso — "de saco cheio", ele dizia, um eufemismo ridículo. Seu lado conquistador ficara cada vez pior — ele saía à noite e só voltava de manhã. Quando chegava, ele se arrumava e ia direto para a piscina trabalhar. Nessa época, eu já era nascido, e minha mãe estava grávida do meu irmão Ronnie. Certa manhã, papai apareceu dizendo que roubaram seu carro. Ele fez um escândalo ao telefone, chamando a polícia para registrar a queixa. É claro que era tudo mentira. O que realmente havia acontecido é que ele se encontrara com uma mulher, bebera e atropelara um senhor, o que acabou virando um atropelamento e fuga. Apesar de ter tentando esconder o ocorrido, não demorou muito para a polícia descobrir tudo, e a notícia foi parar em todos os jornais. Não havia mais escapatória. Port Glasgow não era um lugar muito grande, e com certeza era pequeno demais para nós agora. Tivemos de ir embora da noite para o dia, literalmente. Diana era pequena, eu era um bebê de colo e minha mãe estava grávida. Mas ele se importava? Não, não se importava. Fomos direto para o trem de Birmingham, sabe-se lá por quê. Poderia tranquilamente ter sido Newcastle ou Liverpool. Dava no mesmo se ele tivesse enfiado uma tachinha aleatoriamente no mapa. Não conhecíamos ninguém. Passamos a noite na estação New Street, esperando o sol nascer para que papai pudesse andar pela rua, procurando um lugar para morar. A imagem que criamos deve ter sido desesperadora; dava para ver as pessoas passando pela gente, olhando para a calçada, envergonhadas.

Encontramos um quarto em uma casa compartilhada. Por incrível que pareça, papai só ficou em condicional e recebeu uma multa pelo atropelamento. Ele logo conseguiu um emprego como soldador. O quarto era horrível, ou pelo menos foi o que a mamãe me contou, mas tínhamos de tirar o melhor da situação. Dividíamos uma cozinha — na verdade, um fogão que ficava no corredor — e um banheiro com outra família. Enquanto isso, papai entrou para uma banda irlandesa, e todos aqueles mesmos tipos de mulheres caíam na lábia dele. Se ele saísse sexta à noite, teríamos sorte se o víssemos novamente antes de domingo. Não é necessário dizer que o emprego como soldador foi para o brejo. Ele queria passar mais tempo com a banda; estava convencido, apesar de todas as provas demonstrarem o contrário, de que seria um astro do rock. Mesmo sendo tão pequeno, essas fantasias do meu pai já me deixavam enojado. Passávamos tempo com ele indo de loja em loja atrás de equipamentos de música. O dinheiro que ele gastava era um absurdo e difícil de engolir. Ficávamos olhando guitarras Fender Stratocaster e amplificadores Marshall — as melhores marcas do mundo da música — vestidos em trapos. Todas as nossas roupas eram de bazares de caridade, nossos cotovelos e joelhos estavam sempre remendados. Como ele bancava essas compras? Com agiotas, na maioria das vezes. As dívidas que contraiu chegam para mim até hoje — temos o mesmo nome, e, de vez em quando, sou investigado por empresas tentando recuperar o dinheiro que ele devia.

Quanto mais velho eu ficava, mais difícil se tornava aturar esse tipo de tratamento. Lembro quando as marcas Chopper e Gritfter eram a sensação. Bem, é claro que nunca ganhamos uma bicicleta nova. Nos meus aniversários, eu ganhava um kit

Airfix de 3,99 libras. Por mais que eu adorasse montar esses modelos, dava para perceber que eles vinham de um lugar como o Ragmarket, a versão do Barras de Birmingham. Metade das peças estaria faltando, ou a caixa de papelão estaria tão molhada que não serviria nem para limpar a bunda. O Natal era péssimo. Quando ficamos mais velhos, mamãe sempre trabalhava em asilos, dando todos os plantões que conseguia, às vezes nem voltava em casa para o Natal. Eu tinha horror do Natal.

Então os oficiais apareciam. Éramos despejados, enfiávamos as coisas na van do papai, e era isso. Ou iríamos a um abrigo próximo ou ao serviço social alegar falta de moradia. Ele sempre dizia que estava doente, na tentativa de receber o seguro-saúde. Porém, na verdade, fazia três a quatro shows por semana.

Quando eu era adolescente, tinha vergonha de alguns lugares em que a gente morava. Parecia que sempre íamos parar nos piores lugares: aqueles cobertos pela umidade, com pregos expostos por todas as partes, ou lugares que eram deixados como chiqueiros por outras famílias. Eu nunca deixei as minhas namoradas saberem — eu sempre descia na esquina. Não era o fato de morar em uma área menos favorecida, e sim o estado da casa em si. Toda vez que meu pai ficava violento, qualquer enfeite, qualquer presente que havíamos comprado para mamãe, um vaso ou um porta-retrato — qualquer coisa legal — era quebrado ou jogado pela janela ou destruído, simplesmente porque era dela.

Acho que éramos crianças muito inseguras. Eu achava tão intimidador entrar em mais uma escola nova. Academicamente falando, nunca ficávamos em nenhum lugar tempo suficiente para desenvolver qualquer tipo de concentração — e, de qualquer jeito, papai não era o tipo de homem que insistia para você fazer o dever de casa. Só os boiolas faziam dever de casa. Da mesma maneira que só os boiolas faziam catering. Não, ele estava muito mais interessado em tentar nos transformar numa versão country dos Osmonds. Diane, Ronnie e Yvonne, minha irmã mais nova, todos cantam e tocam instrumentos. Eles não tiveram muita escolha, meu pai era obcecado. No entanto, algo dentro de mim não aceitava isso, e eu nunca cooperei com os planos dele. Mas isso não quer dizer que não tivesse tanto medo dele quanto meus irmãos. Minha tática era manter a cabeça baixa e o nariz limpo. Nunca bebi nem fumei, e quando ele me pedia para carregar as porcarias dele, eu simplesmente cumpria a tarefa. É realmente irônico as pessoas me acharem tão impetuoso e combativo, um filho da mãe muito agressivo, porque é exatamente o oposto de como eu era quando criança. Até ter o tamanho suficiente para enfrentá-lo, eu não mataria nem uma mosca.

O castigo preferido dele era o cinto. A gente tomava uma pancada com o cinto na parte de trás das pernas por fazer uma coisa tão inocente quanto ir à geladeira e beber a Coca dele. Eu disse "pancada". Na verdade, eu estaria completamente fodido se fizesse esse tipo de coisa. Mas o que o deixava realmente irritado eram as mentiras. Eu mentia sobre as coisas porque tinha medo de dizer a verdade. "É, pai, fui eu que peguei sua Coca na geladeira" — e ele ficava completamente louco. É claro, o que eu não percebia na época era que a Coca em si não era o problema, e sim o fato de ele não ter com o que misturar seu precioso Bacardi. Ele era o tipo de pessoa que não conseguia abrir uma garrafa sem terminá-la. Você via a bebida desaparecendo e sentia dor no coração.

Yvonne nasceu em Birmingham. Certa noite, quando mamãe estava grávida de seis meses, um vizinho precisou chamar a polícia porque meu pai estava agredindo minha mãe fisicamente. Ele foi preso. Ela foi levada ao hospital e acabou assinando formulários de permissão para que nós três ficássemos dez dias em um orfanato. Ela nos visitou todos os dias. Depois, meu pai foi solto e voltou para casa.

Nossa próxima parada foi Daventry, onde tínhamos uma boa casa do governo. Tinha até um jardim. Dessa vez, papai conseguiu um emprego como representante de vendas, mas ele ainda trabalhava com a banda e, graças a ainda mais equipamentos comprados, as dívidas estavam aumentando. Um dia, ele mandou minha mãe fazer as malas — apenas com as coisas que coubessem em sua preciosa van — e fomos embora de novo, para Margate, onde, durante um tempo, moramos em um trailer. Ele nunca explicava nem tentava justificar seu comportamento. Nós simplesmente fazíamos o que ele mandava. Esse foi, com certeza, o pior lugar em que moramos. Era horrível. Tenho calafrios só de lembrar. Não tínhamos dinheiro o suficiente nem para pagar o gás para o aquecimento da casa. A chuva caía tamborilando enquanto tremíamos lá dentro, imaginando quanto tempo ficaríamos naquele lugar. Fomos salvos pelo governo, que nos colocou em um alojamento.

Depois, voltamos para a Escócia, demos uma passada em Birmingham e fomos para Stratford-upon-Avon. Meu pai, de alguma maneira, havia conseguido um emprego em outra piscina. Mas ele não conseguia se fixar. Então, foi embora: para Israel, para os Estados Unidos. Ele nunca mandava dinheiro para casa; cabia à mamãe ganhar o necessário para nos sustentar. Quando ele voltou do seu *tour* pelo exterior, nos mudamos para Banbury, Oxfordshire, onde ele tomaria conta de uma mercearia. Tudo ficou tranquilo por um tempo. Morávamos em cima da loja, e o dono era ótimo. Essa foi a grande oportunidade de meu pai acertar as coisas, na minha opinião. Mas não, ele teve de estragar tudo. Certo dia, quando fui pegar alguma coisa na geladeira, percebi que o revestimento da porta estava solto. Solto de forma estranha. E havia algo escondido ali — um maço de dinheiro, deveria ter pelo menos 300 libras. Lembro-me de ter me sentido tão enjoado que quase vomitei ali, na hora. Meu pai estava roubando. Pouco tempo depois, é claro, o dono descobriu, e nós ficamos a ver navios novamente.

Então, nossa família voltou para a Escócia, Glasgow. Papai tinha ouvido falar que a indústria da música country estava melhor por lá. No entanto, eu já era adolescente nessa época e resolvi não ir. O governo deu um apartamento para que eu e Diane ficássemos onde estávamos. Eu estava fazendo um curso de catering em uma faculdade, patrocinado pelo clube Round Table local, que até me ajudou a comprar meu primeiro conjunto de facas — mas, de qualquer jeito, acho que meu pai não queria nenhum de nós dois por perto. Ele não conseguia controlar Diane da maneira que havia controlado mamãe, e isso o deixava frustrado porque, quando era pequena, ela cantava com ele. Ele a carregava para todos aqueles bares nojentos. Ele achava que ela era dele, e quando viu que não era bem assim, que tinha opinião própria, ele não aguentou. Mais tarde, quando Diane se casou, ela não o queria por perto. Fui eu que a acompanhei até o altar.

Já eu era o inimigo público número um. Quando estava em Glasgow, minha mãe tinha de sair de fininho do apartamento se quisesse me ligar. Não era permitido eu ligar para ela. Tinha finalmente passado dos limites aos 15 anos. Estava namorando com uma menina chamada Stephanie, e, uma noite, cheguei em casa tarde — tarde demais na opinião dele.

— Tire suas coisas da minha casa e vá morar com ela — disse ele.

— Vou fazer 16 anos semana que vem — disse. — Posso ir aonde eu quiser.

Eu já tinha ganhando uma espécie de rádio grande de aniversário, e ele o jogou em mim, do alto da escada. "Não acredito que você fez isso", eu disse. "Você sabe muito bem que foi a mamãe que comprou para mim." Eu sabia que ela estava pagando em parcelas, que custavam oito libras por mês, e não aguentei. "Preferia que você tivesse feito isso comigo em vez de fazer com algo que ainda não foi pago", eu disse.

Com isso, ele desceu enlouquecido pela escada. Primeiro, fiquei parado. Depois, vi o olhar dele. Foi por isso que saí correndo, não tenho vergonha de admitir. Acho que eu não estaria aqui hoje se tivesse tentando enfrentar meu pai. Pela primeira vez senti que ele realmente poderia me matar. Lembro dele tentando me ensinar a nadar afundando minha cabeça na água durante vários minutos — eu sempre ficava desesperado, ofegante —; então sempre soube que ele era um filho da mãe sádico. Mas vi algo diferente nos olhos dele naquele dia — um brilho que me deu calafrios. Não havia nada neles. Era um tipo de loucura.

É claro, depois que Diane e eu ficamos de fora, ele desviou a atenção para quem havia sobrado. Ronnie era amigo dele na maior parte do tempo, então agora era a vez de Yvonne receber o tipo de tratamento anteriormente dispensado a mim.

Naquela época, eu já estava tentando seguir meu caminho como cozinheiro, no nível mais baixo da escala, dando duro na cozinha, e era doloroso de uma maneira inimaginável ouvir essas coisas da minha mãe, a voz dela ao telefone. Yvonne cresceu mais rápido que todos nós — ela teve um filho na adolescência. Ela realmente tentava não causar problemas, mas ele exigia muito dela, havia muita pressão, e ela não estava aguentando.

Enquanto isso, mamãe ainda levava umas porradas. Ela trabalhava na loja do meu tio Ronnie em Port Glasgow — ele era jornaleiro — e chegava de manhã cedo, às vezes sem ter dormido nada, com a boca machucada e o olho roxo, e meu tio dizia: "Ah, Helen, você não pode atender os clientes com essa aparência", e ela dizia: "Bem, foi o seu irmão que fez isso comigo." Mas, é claro, ninguém interferia. Era outra época. Violência doméstica ainda era considerada uma questão particular, algo que os casais deveriam resolver entre eles.

"Que horrível", ele dizia. "Você deveria revidar."

Que conselho útil ele tenha dado... As coisas ficaram tão ruins que minha mãe finalmente criou coragem para largar meu pai, e o governo deu um apartamento para ela morar com Ronnie e Yvonne. Mas ele logo voltava, pedindo perdão, prometendo que tudo seria diferente. E era, durante poucas semanas. Depois ele começava a vacilar de novo, voltando a ser como antes, sempre despejando uma quantidade enorme de raiva. Ah, ele era bom em chorar lágrimas de crocodilo, quando, na verdade, seu coração era um lugar vazio onde todos os sentimentos que um homem normal sentiria pela família deveriam estar.

Depois, embarcaram em uma espécie de troca de casas, e os quatro foram parar em Bridgwater, em Somerset. A mesma velha história... Logo que se acomodaram, meu pai foi embora — dessa vez, em um cruzeiro. Ele levou Diane junto, para cantar com ele, o que deixava minha mãe mais tranquila, porque, mesmo depois de tudo que ele fizera com ela, mamãe ainda se preocupava de ele fugir com outra, e ela acreditava que um cruzeiro estaria cheio de mulheres bonitas. Diane já estava noiva nessa época, e seu noivo e minha mãe juntaram dinheiro para encontrar com eles em Veneza. Minha mãe trabalhava muito — ela tinha três empregos de meio expediente ao mesmo tempo. No entanto, assim que chegaram lá, mal embarcaram no navio, meu pai teve uma discussão de bêbado com o homem encarregado do entretenimento. Tudo terminou com meu pai, em um surto de raiva, sabotando todo o equipamento de música do navio, o que fez o capitão expulsá-lo. Todos voltaram para Londres de ônibus — um belo fim para a viagem dos sonhos da minha mãe.

Ele se sentiu mal? Se sentiu culpado? Nem um pouco. Ele tinha conseguido se vingar, e isso era tudo que importava.

Foi em Bridgwater que ele cometeu sua última transgressão e saiu da nossa vida — quase para sempre, se não realmente para sempre. É um momento no qual não consigo pensar sem sentir o sangue pulsando nas minhas veias, apesar de eu nem estar presente quando aconteceu. Não sei o que teria feito se estivesse.

Papai havia bebido um pouco, mas ele sabia claramente o que estava fazendo; o ataque foi calculado, inteligente até, não foi uma fúria idiota de bêbado. Ele chegou em casa certa noite e simplesmente começou. Não houve "provocação". Minha mãe estava na cama, com uma xícara de leite quente. Ele virou todo o conteúdo nela, com ela deitada na cama, deixando seu peito com queimaduras. Depois, ele a arrastou para o andar de baixo, e a pancadaria começou. Quando a ambulância chegou, ela parecia ter enfrentado cinco assaltos com um boxeador peso-pesado. Seus olhos estavam completamente fechados, seu rosto inchado e amassado. Primeiro, ela foi levada ao hospital, depois, a um abrigo. Meu pai, é claro, não ficou para encarar as consequências. Ele desapareceu com o primeiro toque da sirene da polícia.

Alguns dias depois, finalmente achei meu pai. Ele estava com uma mulher chamada Anne, com quem se casaria mais tarde.

— Mamãe está no hospital há três dias — eu disse. — Ela ainda está usando óculos escuros.

— Bem, ela pediu isso — ele disse.

Foi nessa época que o serviço social e todas as outras autoridades se envolveram, e uma ordem de proteção judicial foi pedida para ela. Ele não podia chegar perto de casa.

Mas, quando minha mãe foi para casa, ela encontrou tudo que havia comprado com suas economias destruído em migalhas. Ele não deixou nem uma lâmpada intacta.

O pior de tudo foi que meu pai deixou um bilhete em cima da lareira no qual estava escrito: "Uma noite, quando você menos esperar, eu volto e acabo o que comecei." Mesmo depois da ordem de proteção estar em vigor, havia noites em que mamãe estava sozinha e o telefone tocava. Ela ouvia a voz dele dizendo que estava a caminho. Havia muitas noites em que um carro de polícia ficava estacionado em frente à casa, só para garantir. Nunca vou saber como ela conseguia dormir.

Os jornalistas já me perguntaram várias vezes se eu amava meu pai, se havia o mínimo de amor no meu coração por ele. A verdade é que toda vez que tentava me aproximar, eu simplesmente batia de frente com o lado difícil dele. Depois, meus sentimentos por ele se transformaram em ódio. Eu estava determinado a fazer o contrário de tudo o que ele fazia. Nunca quis seguir os passos dele, e foi por isso que nunca peguei na porra de uma guitarra e nunca sentei na porra do piano. Houve bons momentos? Na verdade, não. Acho que a única coisa que eu realmente admirava nele era o fato de ele ser pescador. Ele era um ótimo pescador, não havia nenhuma dúvida sobre isso. Porém, até isso foi envenenado pelas outras coisas.

Ronnie era bom em guardar os segredos do papai, mas eu cometi o erro de contar à minha mãe exatamente o que ele fazia. Depois disso, ele nunca mais me levou para pescar. Nós costumávamos ir a uma área de acampamento no rio Tay, em Perth, para pescar salmão. Ronnie e eu ficávamos à beira do rio às nove da noite sozinhos, pescando, enquanto meu pai e seu amigo Thomas saíam para beber. Ele nos dava 5 libras e dizia para nos divertirmos. Lembro uma vez que o tempo estava muito ruim, chovia torrencialmente, e nós ficamos hospedados em uma pequena pousada. Naquela noite, Ronnie e eu tivemos de dormir no banheiro porque meu pai tinha levado uma mulher para o quarto. Eu não devia ter mais de 12 anos na época.

Algum tempo depois, papai foi para a Espanha, e eu fiquei muitos anos sem vê-lo. Eu estava ocupado demais tentando fazer sucesso na vida, mas mesmo que não tivesse trabalhando todas as horas possíveis, eu não tinha vontade de vê-lo. No entanto, meu pai tinha o hábito de aparecer quando menos se esperava, como uma visita desagradável. Estava quase no fim de 1997. Eu estava ocupado tentando ganhar minha segunda estrela do Michelin* nessa época — o que dá uma ideia de quanto tempo havia se passado — quando recebi uma ligação do Ronnie dizendo que o papai estava em Margate. Ele discutira com Anne e com os filhos dela e simplesmente fora embora.

Liguei para o número que Ronnie tinha me dado — não sei por quê. Ele me parecia muito mal.

— Vim aqui ver meu médico — ele disse.

— Ora, vamos — eu disse. — Por que você está aqui?

— Nada, voltei para fazer um check-up.

Houve uma pausa, e ele disse:

— Posso ver você?

— Pode, pode. Vou encontrar com você.

O ano tinha sido difícil. Minha esposa, Tana, e eu estávamos esperando nossa primeira filha. E eu estava envolvido em vários tipos de confusão legal com meu restaurante, Aubergine. Mesmo assim, fui até lá. Algo dentro de mim me impediu de negar o pedido dele. Marcamos de nos encontrar no píer onde costumávamos pescar na época em que moramos naquela cidade, então eu sabia exatamente onde ele estaria. Saí do carro e vi um homem velho, frágil, de cabelo branco, com machucados nos rosto e marcas nos nós dos dedos. Fiquei chocado. Aquele

* *The Michelin Guide* é o mais importante no ramo gastronômico. As estrelas desse guia indicam o status do restaurante. *(N. da T.)*

era o homem que tanto me assustara, em um péssimo estado, tão patético e frágil.

Resolvemos tomar café da manhã em um pequeno café. O garçom se aproximou e perguntou o que gostaríamos de comer e, imediatamente, meu pai começou a implicar comigo, dizendo que eu sempre roubava o pão dele quando morávamos juntos. As palavras vieram do nada. Outro ataque sem motivos.

— O que aconteceu com você? — perguntei.

— Ah, Anne e eu nos separamos, e eu discuti com um dos filhos dela, e ele tentou me bater.

— Veja só o seu estado... Onde está morando?

Ele apontou para o estacionamento, e lá, como sempre, estava sua van Ford Transit. Fomos até lá e abri a porta do veículo. Dentro, estavam todos os bens dele: o equipamento de música, as roupas, uns abajures ridículos — aqueles de parafina — e uma cama inflável de acampar no fundo com umas cortininhas horríveis nas janelas.

Terminamos nosso café e demos uma volta pelo píer. Foi tão triste... Então, fui ao banco, tirei mil libras e dei para meu pai como depósito de um apartamento. Achei que pelo menos eu podia fazer a coisa certa por ele. E foi o que ele fez: arranjou um apartamento subsolo pequeno, de um quarto. Uma semana depois, fui visitá-lo novamente. Ele disse que passaria o Natal sozinho. Fiquei indeciso sobre o que fazer, mas resolvi que não era o momento certo para apresentá-lo a Tana. Senti pena dele, dó mesmo, mas nada além disso. E qualquer coisa que eu tenha sentido não tinha nada a ver com o fato de ele ser meu pai; apenas fiquei com pena de um homem ter de ficar sozinho nessa época do ano. Ele me parecia tão desolado, tão desanimado...

Na véspera do Natal, ele me ligou. Anne passaria a semana com ele, e eles tentariam resolver as diferenças. Foi a última vez que falei com ele. Pensando naquele momento, imagino se ele sabia que seu tempo estava acabando. Ele voltara a Margate porque era onde passava as férias com os pais quando era pequeno. Talvez ele tivesse lembranças felizes daquele lugar. Eu certamente não tinha. Voltando para Londres depois dessa última visita, chorei copiosamente. Que desperdício de vida...

Depois de saber que ele e Anne haviam reatado, reservei uma mesa para ele no Aubergine para o dia 21 de janeiro de 1998. Aquele dia seria um grande dia para mim. Em primeiro lugar, era dia do guia Michelin. A nova edição. Segundo, eu apresentaria esse homem, meu pai, para todos os meus funcionários. Eu havia falado tão pouco dele que a maioria nem sabia que eu tinha pai. A verdade é que eu tinha vergonha dele. Quando eu tinha 18 anos, uma namorada minha me deu uma corrente de ouro gigantesca — brilho bem antes do brilho ser inventado — e meu pai ficou com inveja, com muita inveja. Um dia ele perguntou se poderia usá-la, então a emprestei para ele. Esse era o tipo de poder que ele tinha sobre mim, porque eu adorava aquela corrente. Depois, lembro de ter estremecido ao olhar para ele, pois ele parecia um ladrãozinho de East End, cheio de ouro. Havia a minha corrente, anéis de brasão e pulseiras de ouro grandes, tudo isso com uma jaqueta de couro branco para terminar. Eu nunca soube como descrever esse homem para alguém, muito menos para os meus funcionários. Acho que eu me reinventara. Não tenho vergonha disso. Nunca tentei fingir ser outra coisa. Eu só sabia que não queria ser como ele, e toda vez que me aproximava de ser o mínimo parecido com ele, eu criava um medo absurdo dentro de mim. Meu pai estava em uma caixa que, metaforicamente falando, eu havia escondido num canto empoeirado do sótão havia muitos anos.

Havia também o meu medo de ser usado. Algum tempo antes de ele voltar para a Inglaterra, durante um dia cheio no Aubergine, alguém me avisou que eu tinha uma ligação do meu cunhado. Naquela época, eu não tinha nenhum cunhado.

— Aqui é Dave — disse a voz.

— Olha só, Dave — disse. — Estou ocupado pra caralho agora. Não tenho tempo para trotes. Pode ligar de volta à meia-noite.

Mas ele insistiu, recusando-se a desligar.

— Olha só, Dave — disse novamente. — Não sei que caralhos é você, mas esta não é uma boa hora. Não estou feliz, porra.

— Bom, não me interessa onde você está nem o que está cozinhando — disse a voz. — Minha mãe é casada com seu pai.

Foi quanto tive um estalo. Isso, veja só, era como eu pensava mal do meu pai e como eu sabia pouco sobre a vida dele. A voz disse:

— Li que você faz trabalho de consultoria para a Singapore Airlines e meu relógio é de Cingapura. Não consigo achar a bateria dele aqui no Reino Unido. Será que teria como você comprar uma para mim da próxima vez que for para lá?

Talvez você possa imaginar como me senti.

— Você está de sacanagem com a minha cara?

Desliguei o telefone. Um cara que eu nunca havia visto estava me ligando no meio do meu trabalho para me pedir uma bateria nova para o relógio dele. Eu simplesmente não consegui acreditar.

Era véspera do Ano-Novo quando soubemos que meu pai havia morrido. A família toda estava em Londres, na minha casa com Tana. Devia ser umas três da manhã. Estávamos dormindo havia uma hora quando o telefone tocou. Acordei e atendi, mas tudo o que eu conseguia ouvir eram gritos. No começo, achei que fosse alguém tentando me desejar um feliz Ano-Novo, mas a pessoa estava histérica. Ela falava de um remédio que não havia funcionado e de um cara chamado Ricky Scott. Desliguei o telefone. Então, quando as coisas começaram a fazer sentido, liguei para essa pessoa de volta. Era Anne e "Ricky Scott" era meu pai. Aparentemente, ele havia mudado de nome. Scott era o sobrenome de solteira da mãe dele.

Foi o alcoolismo que o matou. É claro, fui direto para lá, para o hospital. Eu me senti como um robô, fazendo as coisas de maneira automática. Foi a primeira vez que vi Anne. "Meu Deus", suspirou. "Você é tão parecido com o seu pai!" Só me lembro de várias pessoas fumando e bebendo chá. Me perguntaram se eu queria vê-lo — meu pai. Eu disse que não.

— Não acredito que não vai ver seu pai — disse ela.

— Bem, a escolha é minha — disse. Eu sabia que não ia ser bom ver uma pessoa morta. Era simplesmente uma coisa pela qual eu não poderia passar. Anos depois, um amigo próximo morreu. Me chamaram para identificar o corpo, mas não consegui. Precisei mandar outra pessoa. Eu também não era mais forte na época em que meu pai morreu.

Por mais que eu o odiasse, enterrar meu pai foi um dos piores dias da minha vida. O enterro foi horrível. Anne o organizou em um crematório de Margate tão sem personalidade que poderia ser uma filial de um supermercado qualquer. Ah, foi ruim, realmente ruim. Quando entramos, as músicas dele estavam tocando, ele estava cantando. Para mim, aquilo foi o pior. E havia todas aquelas pessoas... Não conhecíamos ninguém.

Minha mãe não foi, só as minhas irmãs. Ronnie também, mas não sem brigar antes. Nessa época, Ronnie já era desesperadamente viciado em heroína, e estava se recusando a ir. Eu estava no meu limite. Finalmente, mais ou menos uma hora antes do enterro, lhe dei dinheiro para que pudesse comprar o que precisasse para passar por aquilo. Achei melhor ele estar lá completamente alucinado do que não estar presente. A que nível você pode chegar? A um nível muito baixo se estiver desesperado.

Levamos meu pai para dentro, em sua caixa de madeira, e eu poderia ter chorado. Comecei a ouvir a cerimônia, e o chamavam de Ricky. Nem era o nome dele. O nome dele é Gordon, pensei. Por que caralhos o estão chamando de Ricky? Então, Anne virou-se para mim e disse: "Acho que seu pai gostaria que você dissesse umas palavras." E foi o que eu fiz.

— Em nome da família Ramsay, eu só queria dizer que não conhecemos esse tal de Ricky. O nome do meu pai é Gordon.

Fiquei tão incomodado que não consegui nem terminar a frase. Comecei a chorar. Precisei de várias tentativas para conseguir pronunciar as palavras. Depois, tentamos ser educados. Ficamos os 15 minutos necessários na recepção que Anne havia organizado. Mas eu não teria aguentado mais do que isso. Ainda por cima, Ronnie estava chapado. Para ele, poderíamos estar até em um batizado de família.

Depois disso, voltei dirigindo para Londres e fui direito para a cozinha. Fiquei lá, naquele lugar, trabalhando duro como sempre, tentando não pensar — ou pelo menos pensar apenas no próximo pedido. Acho que nunca precisei tanto da minha cozinha em toda a minha vida.

O que meu pai me deixou? Um relógio, na verdade. Todo o resto que "pertencia" a ele estava sendo pago em prestações. Ele nunca experimentou minha comida no fim das contas, mas, se tivesse, duvido que teria ficado impressionado. "Cozinhar é para boiolas", ele dizia. "Apenas boiolas cozinham."

Porém, havia outra coisa também. Outra pessoa, devo dizer. Meu pai teve outra criança, uma menina, antes de conhecer minha mãe. Os avós da criança a adotaram. Aparentemente, meu pai havia planejado se casar com essa outra mulher, mas os pais dela tinham outros planos. Uma noite, eles foram ver meu pai cantar, e depois o seguiram até a casa dele, o mandando ficar longe da filha deles. Eles ameaçaram bater no meu pai. Talvez a apresentação dele naquela noite tenha sido pior do que o normal. E acabou assim. Meu pai se afastou e foi atrás da minha mãe. Os pais do meu pai sabiam sobre essa criança, mas não contaram nada à minha mãe. Mas ela descobriu, é claro — e, várias vezes, quando estava grávida da Diane, ela chegou a ver essa menina.

CAPÍTULO 2

O FUTEBOL

Eu devia ter uns 8 anos quando percebi que era bom no futebol. Foi o futebol, e não a comida, a minha primeira paixão de verdade. Eu era um jogador canhoto — ainda sou — e estava sempre no jardim de trás ou no quintal chutando uma bola na parede. Eu ansiava pelas manhãs de sábado. Na noite anterior, eu encerava minhas chuteiras até ficarem com o brilho mais maravilhoso possível. Lembro-me do meu primeiro par de chuteiras. Elas eram de segunda mão, compradas no Barras pela minha mãe, e não cabiam direito no meu pé; eu precisava usar dois ou três pares de meia no início. Mas isso não me importava, porque ser dono delas era mais emocionante do que qualquer coisa.

Eu achava que o futebol era a maneira que eu tinha de impressionar meu pai. Nada mais dava certo. Ele nunca aparecia na escola para ver como estávamos e nunca achou que nadávamos tão bem quanto ele. Mas ele e meu tio Ronald eram torcedores fanáticos do Rangers, e percebi que essa poderia ser uma forma de me aproximar dele. O tio Ronald tinha um bilhete para temporada*, e toda vez que íamos a Glasgow, as-

---

* O bilhete para temporada (Season ticket) é um bilhete único válido para todos os jogos, bastante comum na Inglatera. (*N. do E.*)

sistíamos a um jogo no estádio Ibrox. Eu devia ter uns 7 anos quando fui ao meu primeiro jogo. Lembro-me de estar nos ombros do meu tio Ronald, e do bramido incrível da multidão. Foi bem assustador. Naquela época, ainda havia as tribunas, e quando o povo comemorava, todo mundo era lançado para a frente: uma grande massa em movimento. Eu sempre ficava preocupado com as brigas, principalmente em jogos entre torcidas rivais. Havia muita rivalidade entre o Rangers e o Celtic, e nunca entendi porque eram tão agressivos. Meu tio disse que todos os homens trabalhavam juntos em um estaleiro de segunda a sexta, mas, nos fins de semana, se odiavam. Eu ficava muito impressionado com isso quando era pequeno.

Quando eu morava em Stratford, fui escolhido para jogar futebol sub-14 quando tinha 11, e, depois, fui dispensado do rúgbi e do atletismo porque representava o município com o futebol; aos 12 anos, jogava para Warwickshire. Então, tinha uma vaga ideia de que as outras pessoas me achavam bom também. Eu gostava? Bem, com certeza era melhor que o rúgbi, esporte que odiava. Eu era magro, muito magro, e toda vez que jogávamos rúgbi, era massacrado. E, sim, é claro que eu gostava. Eu adorava. Mas, para ser sincero, também era uma boa maneira de sair de casa, principalmente nos fins de semana. Se o papai viesse me ver era um alívio especial, porque pelo menos ele não estaria em casa tocando música country, deixando todos os vizinhos surdos e maltratando a mamãe. Mas nem sempre ele vinha assistir. Nesses dias, quando eu chegava em casa, Dickie Davies estava na TV. Enquanto tentava desesperadamente ver os resultados, meu pai estaria ocupado tentando provar que tocava guitarra melhor que Hank Marvin. Às vezes, ele não perguntava qual tinha sido o placar nem se eu tinha feito algum gol. Me acostumei.

No entanto, tive vários obstáculos no meio do caminho, meu progresso não foi nada meteórico. Para começar, estávamos sempre nos mudando, e eu tinha de garantir um lugar em uma nova equipe. Depois, aos 14 anos, tive um acidente horrível no futebol, durante uma partida do município, em Leamington Spa. Nos primeiros dois minutos do jogo, pulei para cabecear uma bola, e foi um milagre a bola parar direto no fundo da rede. Infelizmente, no meio do caminho, o goleiro conseguiu socar a minha barriga, e a combinação entre minha exuberância e o fato de ele ter errado a altura do meu salto significou que, de alguma maneira, ele perfurou meu baço. Que pesadelo!

Caí no chão e, no começo, achei que estava apenas sem fôlego. O juiz veio ao meu encontro, me levantou e me obrigou a fazer abdominais. Eu me senti tonto e estranho. Então, ele me mandou beber água. Em seguida, fui fazer xixi e de repente eu estava urinando sangue. Dois minutos depois, desmaiei. Chamaram uma ambulância.

No hospital, não sabiam que era o meu baço. Primeiro, acharam que era o meu apêndice, depois, que era um colapso pulmonar. Naquela noite, eu estava tonto de dor. Eu ficava curvado e chorando desesperadamente. Você não acreditaria na porra do sofrimento que foi. Os médicos não sabiam o que fazer. Meu pai estava fora do país por algum motivo, no Texas, eu acho, e ninguém conseguia encontrar a minha mãe, então não havia ninguém para assinar os formulários de permissão para a cirurgia. No fim das contas, eles acabaram me operando e, de alguma forma, conseguiram reparar tudo, apesar de terem retirado meu apêndice também. Eu estava com medo. Queria a minha mãe.

A cirurgia me deixou muito mal, mas o pior ainda estava por vir. Duas semanas depois, um abscesso se desenvolveu internamente. Então, voltei ao hospital. Dessa vez, eu tinha uma infecção sanguínea. No fim das contas, minha recuperação demorou três meses, do início ao fim. Eu não podia fazer nenhum exercício físico. Eu não podia correr, nem saltar nem treinar. Foi um desastre terrível para um menino de 14 anos. E quando comecei a chutar a bola novamente, fiquei nervoso em ter de enfrentar os outros jogadores. Eu havia perdido a autoconfiança.

Se meu pai tivesse ido ao hospital, se ele tivesse entendido como a situação era séria, talvez tivesse sido um pouco mais solidário. Mas não foi. Quando finalmente voltou, ele comunicou que conseguira um emprego na área de construção em Amsterdã e que me levaria com ele enquanto eu ainda estava me recuperando. Fiquei muito animado, mas apenas por um motivo: eu queria conhecer o estádio do Ajax. O problema era que haviam se passado apenas dez semanas desde a minha cirurgia e eu ainda não estava tão bem quanto deveria estar, e meu pai seria a última pessoa a cuidar de mim. Durante dias, eu era largado e ficava dando voltas ao redor do estádio. Ficamos em um alojamento, e ele saía para trabalhar (apesar de que esse trabalho, como previsto, deveria ter durado três semanas), me deixando sozinho com apenas quatro florins no bolso. Só dá para perceber depois que foi você foi abandonado. Hoje em dia penso: merda, eu estava sozinho andando por aí, um garoto de 14 anos que havia acabado de passar por uma cirurgia complicada. Foi divertido ir ao estádio do Ajax uma, duas, três vezes, mas, depois de um tempo, até a porra dos jardineiros já me conheciam. Foi uma viagem muito, muito estranha.

Eu tinha fotos dos meus heróis, Kenny Dalglish e Kevin Keegan, na parede do meu quarto, mas nunca achei que eu seria um jogador profissional. Além do mais, mesmo depois do acidente, continuava com problemas sérios nos pés. Eu estava esmagando-os em chuteiras pequenas demais — a moda da época era comprar chuteiras com um tamanho menor que o seu. Até meu técnico disse para fazer isso. Em algumas noites de sábado, ficava sentado na borda da banheira, de chuteira, com meus pés dentro da água quente, tentando literalmente moldar o couro neles. Até hoje meus dedos do pé são achatados na ponta — dedos de martelo. Quando eu ficar velho, vão parecer garras. Nunca tive dinheiro para comprar chuteiras decentes, mesmo que fossem do tamanho certo. Eu tinha de fazer com que elas durassem e, quando finalmente haviam se desgastado, quando pareciam pedaços de papelão amarrados por um fio, minha mãe tinha de me dar dinheiro escondido para comprar um par novo.

Quando nos mudamos para Banbury, comecei a jogar pelo Banbury United. Acho que foi nessa época que comecei a ser notado, apesar de apenas pagarem as despesas para mim pelo fato de eu ainda estar na escola. Eu era zagueiro. Todo semestre, os jogadores da nossa equipe eram convidados para o Oxford United, onde treinavam com a terceira ou quarta equipe, e depois jogavam no time dos reservas, o que significa que eles passavam uma semana incrível lá. Um ônibus me buscou e me levou até o campo — foi a primeira vez que me senti especial, ou melhor, foi a primeira vez que senti que prestava para alguma coisa. Então, as viagens se tornaram mais frequentes — apesar de ser péssimo para mim. Eu ficava muito enjoado no ônibus. Uma tigela pequena de mingau no café da manhã e, uma hora depois, estava vomitando horrores. Eu estava longe de ser um homem forte.

Lembro do meu primeiro jogo sério como se fosse ontem. Meu pai estava viajando, e eu não podia levar a minha mãe porque, bem, não se leva a mãe para ver um jogo de futebol, não é mesmo? Era uma competição entre escolas inglesas, Oxfordshire County contra Inner London, no Loftus Road, o estádio do Queens Park Rangers, em Londres. Incrível. Um estádio foda, bem diferente do pasto de vaca onde jogávamos em Banbury, e todos os jogadores de Londres eram das equipes juvenis dos times Chelsea, Tottenham e Arsenal. Achei que perderíamos feio — que o placar seria 8 a 0 ou algo do tipo. Aqueles caras eram maiores e mais fortes do que a gente. Mas o engraçado é que ganhamos deles por 2 a 1. Porém, o jogo foi violento. Fui substituído 15 minutos antes de acabar o segundo tempo, depois de uma pancada no joelho: outro ferimento do qual demorei muito tempo para me recuperar. Talvez estivesse fadado ao fracasso quando o assunto era futebol.

Depois que me recuperei, joguei uma partida juvenil da FA Cup e foi nesse jogo que um olheiro do Rangers me viu. Eles me perguntaram se queria passar uma semana das minhas próximas férias de verão com o clube. Puta que pariu. Eu mal podia acreditar. Não era só o fato de ser um clube profissional; era o RANGERS, o time que realmente teria um impacto no que meu pai sentia por mim — pelo menos, foi o que achei. O problema era que ele e minha mãe estavam passando por uma fase de merda naquela época e, de uma certa forma, eu me sentia mais pressionado ainda. Parte de mim não queria que ninguém soubesse, só para o caso de eu não conseguir êxito. Eu não queria decepcionar ninguém e, involuntariamente, piorar as coisas entre eles. Eu tinha, então, 16 anos e estava no limite da idade de entrar para o futebol profissional. Era o momento do "ou vai ou racha".

A primeira semana foi difícil. Não me diverti nem um pouco. Para começar, eu tinha um sotaque inglês, e eles me sacaneavam muito por causa disso. E também me obrigavam a usar a perna direita, que era completamente inútil. Não era permitido contar com apenas um dos pés, da mesma forma que, na cozinha, é preciso saber cortar com as duas mãos. Nasci canhoto, mas consigo cortar e descascar com a direita, então, se eu me cortar, não tem problema — estou preparado. Enfim, depois dessa primeira semana, voltei para casa com ódio do Rangers. Eu odiava profundamente todas as pessoas do time. O treino não era um problema

— nunca tive medo de me esforçar — mas, à tarde, depois do treino, nós íamos jogar sinuca e comer. A comida escocesa já era ruim na época — incrivelmente ruim. Ainda é, na maioria das vezes. Havia torta salgada com molho, torta salgada com feijão ou algo que os escoceses chamam de "slice" — uns pedaços grandes, quadrados e processados de linguiça. Puta que pariu. Eu não tinha o que podemos considerar um paladar sofisticado, mas não suportava aquilo. E apesar de estar morando com outros caras, me sentia muito sozinho. Eu queria ter um sotaque escocês, algo que os faria se sentir mais à vontade perto de mim.

"Nasci em Johnstone, e meus pais se mudaram para o sul", eu tentava dizer a eles. "Mas minha avó, meu tio e minha tia moram em Port Glasgow."

Eles, é claro, não estavam nem aí.

Depois da semana que passei lá, achei que tivesse estragado tudo. Eles me chamaram de volta três vezes. O processo em si era péssimo, e fiquei na dúvida se implorava ou não para quebrar o contrato com os Rangers. Eu estava bem em Banbury no apartamento com Diane e havia começado um curso básico de catering, no qual estava indo bem, e sentia algo dentro de mim que estava me dando frio na barriga. Eu estava começando a ficar animado com a comida. Além disso, apesar de o relacionamento entre meus pais estar indo de mal a pior, eles haviam se mudado de volta à Escócia, e eu estava gostando da minha liberdade. Tinha a minha primeira namorada séria, começara a trabalhar em um hotel local, tinha um pouco de dinheiro e sempre poderia jogar futebol no Banbury United se quisesse. Eu ganhava cerca de 15 libras por jogo. Não havia do que reclamar. Mesmo assim, estava só esperando uma ligação.

Minha mãe ligou dizendo para eu entrar em contato com meu tio Ronald: ele tinha boas notícias em relação aos Rangers. E foi o que fiz. "Olha só, as coisas evoluíram", disse ele. "Eu disse que eles ficariam de olho em você e ficaram mesmo, e vão convidá-lo para voltar."

Ele me deu um número de telefone. Era de um dos treinadores. Eu não entendia uma palavra de que ele estava dizendo, pois estava falando rápido demais. Mas, finalmente, ele disse: "Queremos que você volte. Pode trazer seu pai para o treino do dia 17 de maio?"

Pensei: ai, merda. Naquele momento, mal falava com meu pai. Não tinha permissão nem para ligar para a casa dele. O problema é que as primeiras pessoas com que o clube quer conversar são os pais. Eles querem saber se o jogador tem segurança em casa, se ele é sustentado adequadamente. E eu pensei: porra, eu sou sustentado adequadamente? Não. Tenho 16 anos e moro sozinho, eu me sustento. Liguei para a minha mãe e pedi para ela falar com ele. Eu não tinha coragem de fazer isso.

Então, ela falou e, de repente, ele estava... não sei. Não estava exatamente legal, e sim com um jeito bajulador. Ele estava animado agora. Acho que estava de olho na oportunidade. Ele poderia viver bem, através do meu sucesso. Como me sentia em relação a isso? Preocupado e nervoso. Sabia que ele andava bebendo; que ele havia tratado minha mãe mal; e também o que Yvonne tinha passado. A única coisa que me fez seguir em frente foi o fato de que meu pai prometera comprar uma casa para a minha mãe — a primeira vez que ele havia sugerido algo do tipo. Eu me segurei àquela promessa como se minha vida dependesse dela, me concentrei naquele momento ínfimo, convencendo-me de que ele finalmente, tinha conseguido se ajeitar na vida. Mesmo assim, tudo parecia muito falso — todos fingiam ser melhores amigos, meu pai e meu tio de repente tão envolvidos na minha vida... Precisei voltar para casa e levar meu pai ao treino todos os dias. O fato de estar de volta em casa me fez perceber que as coisas não estavam bem. Percebi imediatamente.

Era como se meus pais estivessem juntos pelo bem do meu futuro no Rangers. Não dava para suportar isso. Era muita pressão. Não era como se eu amasse meu pai e ele tivesse uma relação maravilhosa com a minha mãe, e tudo o que eu precisava fazer era me concentrar e jogar futebol. Estava preocupado. Tudo era muito instável — um castelo de cartas que poderia desmoronar em cima de mim a qualquer momento.

Dessa vez, o treinamento estava indo excepcionalmente bem. Comecei a jogar em partidas em homenagem a jogadores, e fui incluído na lista da primeira equipe, o que era fantástico. Era ótimo pegar o ônibus quando jogávamos longe de Ibrox, ficávamos esperando de emblema e gravata, todos arrumados e impecáveis como se estivéssemos a caminho de um casamento. Era emocionante. Do lado de fora do estádio, autografávamos objetos como fronhas de travesseiro, laterais de carrinhos de bebê, e as famílias traziam as crianças para autografarmos os tênis delas. É claro que eu poderia ser qualquer um dos jogadores. Não faziam ideia de quem eu era. Nunca fui um jogador do Rangers famoso porque fazia parte da equipe juvenil. Mas, por outro lado, fazia parte do time que estava indo bem. O time tinha uma legião de torcedores tão grande que apenas por usar o uniforme, já se fazia parte e ponto.

Joguei duas vezes pela primeira equipe, mas apenas em amistosos ou partidas de pré-temporada. Naquela época, Ally McCoist* acabara de entrar para a primeira equipe — mantemos contato até hoje, mas por motivos diferentes, o que é muito estranho — e Derek Ferguson era capitão do sub-21. Porém, era um período ruim para mim, com ou sem estrelas. O fingimento do meu pai estava me irritando muito. Então, eles disseram:

* Apelidado pela torcida de "Super Ally", McCoist é o maior goleador da história dos Rangers. (*N. do E.*)

"Vamos continuar de olho em você. Estamos muito animados. Você vai assinar o contrato — mas será ano que vem, e não este." Bem, foi difícil. Eu sabia que voltaria — era impossível não voltar —, mas, no momento do contrato, já haviam me oferecido um emprego na cozinha em Londres. Ainda tenho a carta de oferta guardada em algum lugar. Era um refeitório de trezentos lugares que havia sido inaugurado no Mayfair Hotel, chamado The Crystal Room. Eles estavam atrás de quatro assistentes de chef: segundo assistente, nível dois. Não faço ideia do que essa porra significa até hoje — é um faxineiro de cozinha chique, basicamente. Mas o salário era de 5.200 libras por ano. Enfim, eu disse que não estava disponível e voltei para o Rangers pelo terceiro ano consecutivo.

Deve ter sido no verão de 1984. Metade dos jogadores não estava presente porque estava viajando pelo Canadá, então havia muito mais foco nos jogadores juvenis. Basicamente, estavam decidindo quem ficaria, quem contratariam naquele ano. Coisty estava lá, assim como Derek e Ian Ferguson, cujos contratos já estavam bem encaminhados. Eles faziam parte do clube desde pequenos, e acredito que isso era tudo o que eu realmente queria fazer também: ficar em um só lugar, jogar futebol e me tornar um garoto local.

No entanto, querer entrar para um dos melhores times da Europa, sem sequer ter o sotaque escocês, é como ser um merda de um gringo. Por sorte, eu estava ficando maior e mais forte e podia cuidar de mim mesmo. O treino foi muito bom dessa vez. Recordo de ter jogado no time reserva contra Coisty. Eles costumavam segurar dois ou três jogadores da primeira equipe e davam uma avaliação sobre como estavam em campo. Eu jogava bem. Tinha esperanças e estava otimista.

Na semana seguinte, jogamos uma partida importante em East Kilbride. Mal conseguia acreditar. Eu fazia parte da equipe e pude jogar. Devia haver uns nove mil torcedores do Rangers naquele jogo. O problema foi que ficaram me trocando de posição em campo, me deixando sem posição definida. Comecei como zagueiro. Depois, joguei como meio-campo, posição na qual é preciso ser bom com ambos os pés e ter a desenvoltura para se virar rapidamente. Eu estava muito irritado e, para piorar as coisas, fui substituído 15 minutos antes de o jogo terminar. Eles devem ter feito no mínimo sete substituições naquele dia. Deixa para lá. Treinei durante duas semanas e depois joguei em outra partida da equipe juvenil. Mais um jogo muito, muito bom. Comecei a achar que eu tinha alguma chance.

Então, o desastre. É uma pena que minha carreira no futebol tenha terminado numa sessão de treino — em um daqueles acidentes bizarros do tipo em que mal se consegue perceber o que foi que aconteceu. Rompi a cartilagem, causando um ferimento grave no joelho e, como um idiota, tentei continuar jogando. Eu sofrera uma daquelas trombadas horríveis com outro jogador que fazem com que se tenha ainda mais determinação para não desistir. Eu faria o que me mandassem sem pestanejar. Fomos bater pênaltis com o pé direito. Nunca vou esquecer. Usávamos um tênis no pé esquerdo e uma chuteira no direito. A ideia era fazer com que o pé direito trabalhasse constantemente. Então, começávamos com uma competição de pênalti e, depois, tínhamos de bater escanteio com o pé direito. Devia ser quase 16h quando eles finalmente resolveram dividir o grupo em duas equipes de onze pessoas, cada time jogando 15 minutos em cada lado, dando o melhor de si. Nesse momento, já havíamos treinado o dia todo. Bem, foi um grande erro. Quando terminamos, eu estava sentindo muita dor.

Depois disso tudo, eu ainda deveria estar descansando, mas tentei voltar a jogar rápido demais. Fiquei 11 longas semanas parado, ficando cada vez mais paranoico, morrendo de medo que alguém pegasse o meu lugar no banco. Mas assim que pude fazer algum tipo de exercício, resolvi jogar squash, o que foi muito idiota de minha parte. Rompi um ligamento essencial durante o jogo e fiquei mais quatro meses engessado. Tive medo de não conseguir recuperar a forma física. Assim que tirei o gesso, comecei a treinar como um maluco. Mas eu ainda sentia muita dor, apesar de tentar ignorá-la. Depois dos treinos, ficava horas alternando entre banheiras de água quente e de água fria a fim de tentar amenizar a dor e diminuir o inchaço. No fundo, acho que sabia que alguma coisa estava errada, mas decidi não dar atenção a esses pensamentos. Eu dizia a mim mesmo: talvez todos os jogadores estejam sentindo essa dor também, ou talvez eu consiga abstraí-la. Estava determinado a me exibir pela terceira vez para a equipe e, para que isso acontecesse, precisaria ignorar a mensagem que meu corpo estava tentando me enviar.

No entanto, assim que começou a nova temporada, não tive como escapar do meu destino. Minha perna simplesmente não era mais a mesma, e isso havia se tornado evidente para os meus chefes. Jock Wallace, o gerente do clube, e seu assistente, Archie Knox, me chamaram ao escritório deles numa manhã de sexta-feira para me dar as péssimas notícias. Tudo estava acabado para mim. Eu não seria contratado. Não jogaria no futebol europeu nem na primeira divisão. Lembro-me das palavras que pronunciaram me atingindo como golpes físicos. Foi muito difícil ouvi-las, mas eu estava determinado a não mostrar como havia sido partido por dentro. Anos enfrentando meu pai me deixaram preparado para essa atuação. Posso até ter chorado, gritado ou socado a parede mais próxima, mas eu nunca faria nada disso na frente deles dois. Eu admirava Jock e sempre me senti intimidado por ele. Era óbvio que eu não deixaria transparecer nada agora. Segurei na cadeira onde estava sentado e esperei aquilo tudo acabar. Naqueles poucos minutos, todos os meus sonhos morreram. Uma parte de mim imaginava como eu sairia daquela sala.

Eles sugeriram que eu fizesse mais fisioterapia e talvez assinasse um contrato com outro clube, um time que estivesse numa liga mais baixa. Meu pai também. Na verdade, ele estava pateticamente animado para que eu aceitasse esse conselho. Acho que ele não conseguia perder de vista os sonhos que havia criado para mim. Ele queria que chegassem os bons tempos. Ele queria poder se gabar para seus supostos amigos que sempre foram muito mais bem-sucedidos na vida do que ele. Meu pai estava sentado na van do lado de fora do clube quando Wallace me deu a notícia; ir até lá contar isso para ele foi uma das coisas mais difíceis que precisei fazer. Mas eu também não lhe daria o prazer me ver chorando. "Continue insistindo com o Rangers", ele disse. "Prove para eles que você está em forma de novo." Mas a falta de solidariedade de meu pai foi muito mais difícil de engolir. Ele não me disse palavra alguma simpática naquele dia, nem mesmo me deu um tapa gentil no ombro. Mais tarde, ele chegou até a sugerir que eu estivesse exagerando a gravidade do meu ferimento. Então, fui para casa, me excluí do restante do mundo e dei uma boa chorada. Eu não conseguia ver ninguém. Acho que sofri pelo que poderia ter sido. Mas eu também tinha certeza de que não tinha futuro no futebol. Andar de um lado para outro jogando partidas aqui e ali e ter outro emprego para pagar as contas não era a minha praia. Eu queria tudo ou não queria nada. Todo o talento que demonstrei não interessava porque eu sempre seria rotulado como o jogador com o joelho ruim. Eu tive de desistir do esporte que tanto amava. Foi muito difícil porque cheguei muito perto de conseguir, e acabei me sentindo amargurado ainda durante muito, muito tempo depois. Mas eu tinha certeza de que estava fazendo a coisa certa em me afastar completamente: eu tinha o exemplo do meu pai e sua suposta carreira na música para me ajudar, não tinha? Não havia a menor possibilidade de eu querer ser um sonhador patético como ele pelo resto da minha vida. Só de pensar eu já ficava enojado. Eu queria ser o melhor no que quer que eu fizesse, e não o tipo de homem do qual as pessoas riam pelas costas. Eu precisava de um novo desafio. A única questão era: o que seria?

Ao relembrar essa época, fico pasmo, mais uma vez, com a crueldade do meu pai e com a maneira como ele dominava tudo o que eu fazia, até mesmo o futebol. Eu amava jogar. Mas o meu envolvimento não era para me tornar um jogador famoso, com carros e casas legais e cheio de mulheres em cima de mim. Estava muito mais relacionado ao fato de querer provar quem eu era para meu pai. Lembro de uma noite, quando ele estava muito bêbado e me disse que achava que eu era gay quando criança. Nunca vou esquecer essa noite. O que me deixa bobo em relação a isso hoje em dia é que ele tinha muito ódio pela possibilidade de eu ser gay; eu não conseguia deixar de imaginar porque essa ideia o ameaçava tanto. Qual era o problema dele?

O filme *Billy Elliot* teve um impacto muito forte em mim. Recordo de ir ver sua versão musical em Londres com Tana. Bom pra caralho. Houve um momento — você provavelmente deve saber qual é — quando me senti de novo no meu quarto, meu pai furioso comigo, me acusando de ser gay. Fiquei tão emocionado que mal consegui engolir durante 24 horas. Conheço aquele mundo, onde as coisas são muito difíceis. Minha mãe tentando assar pão porque não tínhamos dinheiro nem para comprá-lo; todos nós dependendo da porra do leite em pó durante meses e meses. Não é à toa que eu era tão magro. Essas coisas nunca se esquecem. E quando se vê esse mesmo tipo de vida na telona, se tem um flashback atrás de outro. Não quero ficar me lamentando, mas isso destrói uma pessoa.

É claro que decidir entrar no ramo gastronômico deve ter feito meu pai imaginar de novo toda essa porcaria de eu ser gay. Ele sempre achou que qualquer homem que cozinhava só podia ser gay — e ele não era o único. Quando comecei, a Inglaterra não tinha uma cultura de boa culinária. Não era como a França — cozinhar era uma profissão suspeita para um homem. Era como dizer que queria ser cabeleireiro.

Quando comecei a trabalhar em uma cozinha, eu mantinha os dois mundos — futebol e comida — o mais distante possível um do outro. Certa noite, quando eu estava no Harvey's, Coisty apareceu para jantar com Terry Venables. Eu não disse nada a ninguém. Não queria que os outros cozinheiros soubessem da minha vida no Rangers, tampouco que alguém relacionado ao futebol me visse com o uniforme de cozinha. Parece idiota agora, mas, naquela época, era uma questão de vida ou morte. Como avancei na vida!

CAPÍTULO 3

O COMEÇO DE TUDO

Durante a minha infância, não tínhamos muito dinheiro para comer. Mas nunca passamos fome. Minha mãe era uma boa e simples cozinheira: sopa de pernil de porco, rabanadas com passas, nugget de peixe, batata frita e feijão feitos em casa.

Tínhamos uma daquelas panelas antigas para fritar batata, com uma cesta de metal dentro, e o óleo era trocado a cada década. Eu adorava o fato de as batatas serem de tamanhos diferentes. Ela costumava fazer fígado para o papai — era a única coisa que eu me recusava a comer — e tripas com leite e cebola; o cheiro dessa comida pairava durante dias pela casa. Carne era uma raridade: só tínhamos dinheiro para comprar linguiça e costeleta. Éramos pobres, e não tínhamos como fugir disso. O almoço era jantar e o jantar era lanche, e a ideia de uma entrada, um prato principal e uma sobremesa era inimaginável. As pessoas realmente faziam isso? Se tivéssemos fazendo compras no Barras e resolvêssemos comer um peixe, todos os filhos precisavam compartilhá-lo. Não havia a possibilidade de cada um pedir seu prato. Mais tarde, quando minha mãe arranjou um emprego em uma casa de chá em Stratford, ela trazia as coisas que não eram vendidas para casa. Nós as considerávamos as iguarias mais incríveis: torta salgada de carne e rim e bombas de chocolate.

Sempre tínhamos refeições de graça na escola. Era muito ruim, e eu morria de vergonha. Nos primeiros anos, é claro, nenhuma das outras crianças entendia o que eram aqueles tíquetes. Mas, com o passar do tempo, aquilo foi ficando mais constrangedor. Éramos sacaneados, completamente humilhados. Na última sexta-feira de cada mês, os funcionários faziam questão de chamar seu nome para entregar os tíquetes do mês seguinte. Era um inferno; a confirmação de que se era uma das crianças mais pobres da turma. Se essa informação estivesse tatuada na testa do aluno não seria mais óbvio. Então, sim, eu associava comida em abundância aos bons tempos, ao status. No entanto, eu estaria mentindo se dissesse que já me interessava por gastronomia. Como qualquer garoto, cozinhar era apenas mais uma tarefa doméstica. Minha carreira surgiu praticamente sem querer.

Eu me agarrei à ideia de fazer faculdade de catering porque minhas opções eram limitadas, para dizer o mínimo. Eu não sabia se o futebol ia dar certo. Pensei em entrar para a Marinha ou para a Polícia, mas eu não tinha notas boas o suficiente para isso. Em relação aos fuzileiros navais, meu irmão mais novo, Ronnie, já estava se alistando, e eu não podia encarar a ideia de competir com ele. Então, acabei me matriculando em um curso básico de catering em uma faculdade local, patrocinado pelo Rotarians. Foi um acidente, um completo acidente. Eu sonhava em ser um chef com estrelas do Michelin? De jeito nenhum! A primeira coisa que aprendi a fazer? Molho béchamel. Pega-se as cebolas guarnecidas com cravos-da-índia. Depois, acrescentava-se o louro. Em seguida, derrete-se a manteiga e adiciona-se farinha para engrossar o molho. E não, eu não faço mais desse jeito. Lembro de chegar em casa e mostrar a Diane como cortar a cebola bem fininha. Eu tinha o meu próprio estojo de facas, cujos cabos eram amarelo-banana. No Royal Hospital Road, não a usaríamos nem para limpar merda de uma panela antiaderente, que dirá usá-las para cortar. Mas tínhamos muito orgulho delas — e do nosso uniforme de chef. Eu cuidava das minhas facas e do meu uniforme com o mesmo amor e respeito que eu tinha pelas minhas chuteiras de futebol. Mandei uma foto minha com meu chapéu de chef grande e branco para minha mãe em Glasgow. Acho que ela ainda tem essa foto. Eu estava tão orgulhoso...

Enquanto isso, eu arranjava uns empregos de fim de semana. O primeiro foi em um restaurante indiano em Stratford — como lavador de pratos. A cozinha de lá não era o lugar mais limpo do mundo, e eles me faziam trabalhar enlouquecidamente. Depois, em Banbury, Diane me arranjou um emprego em um hotel onde ela era garçonete. Mais uma vez eu era lavador de pratos, mas foi quando tive a ideia de me tornar chef. Eu estava na cozinha, ouvindo todo aquele barulho, e fiquei fascinado. Não podia acreditar em como as pessoas gritavam umas com as outras. Eu trabalhava como um cachorro, mas o tempo passava voando. Eu estava encantado.

Depois de um ano, um dos meus professores sugeriu que eu trabalhasse em período integral e frequentasse a faculdade apenas um dia por semana. Eu havia progredido muito. Apesar disso, eu não era o melhor aluno da turma de forma alguma. Na faculdade, podemos identificar de cara os alunos do alojamento social, aqueles que são basicamente classe média, e aquelas cujos pais estão tão apaixonados pelas filhas que as mandam para a faculdade de gastronomia. Deus sabe por quê. Há três tipos, e você pode identificá-los a quilômetros de distância. Eu fazia parte do primeiro grupo. Eu não me destacava em nada e não era o aluno do ano. Mas me mantive humilde, trabalhei como um louco, esforçando-me de maneira inimaginável. Eu estava feliz em aprender o básico, não achava nem um pouco depreciativo.

Então, comecei a trabalhar como assistente no lugar onde era lavador de pratos: o Roxburgh House Hotel. A sala de jantar era rosa — paredes e toalhas de mesa cor de rosa —, todos os garçons eram franceses e italianos e todos os cozinheiros, ingleses. Meu primeiro chef era um careca de 130kg chamado Andy Rogers. Ele era um completo babaca. Era o tipo de cara que brigava com você sem nunca dizer o motivo. Meu Deus, o tipo de comida que ele nos encorajava a fazer... Eu tenho arrepios só de lembrar. Os pratos eram péssimos, os cardápios, hilariantes. As batatas assadas, por exemplo, eram fritas primeiramente em gordura e, depois, eram salpicadas com bisto granules* para ficarem bem douradas. Impressionante. O foie gras era sempre enlatado.

Costumávamos servir cogumelos recheados de Camembert. Um dos pratos era chamado de escalope de vitela cordon bleu. Era basicamente uma peça de carne de vitela batida e enrolada com uma bola de Gruyère ralado e presunto. Eu sabia que aquilo tudo era abominável, mesmo naquela época. Eu recebia muitas informações na faculdade e tentava aplicá-las na cozinha. Eu dizia: "sabe, existe um atalho. Para fazer caldo de peixe você só deve cozinhá-lo durante vinte minutos, senão ele fica turvo. Depois, deve deixá-lo descansar antes de coar com uma peneira, senão ficará turvo novamente." Por causa disso, eu tomava muito esporro do chef. Ele estava cagando para a faculdade.

Trabalhei lá durante uns seis meses, e depois consegui um emprego em um lugar bem legal chamado Wickham Arms, em uma pequena vila de Oxfordshire. Os donos eram Paul e Jackie, e a ideia era que eu morasse em cima da loja, em um lindo chalé com telhado. Infelizmente, as coisas deram errado bem

---

* Bisto granules é uma mistura de grânulos para temperar e engrossar molhos tradicional no Reino Unido. (*N. do E.*)

no começo. Jackie tinha 30 e pouco anos, eu devia ter uns 19, Paul estava sempre viajando; talvez você possa imaginar o que estava por acontecer.

Paul era louco por golfe, e ele adorava uma Real Ale. Por isso, viajava para Cornwall atrás desses barris maravilhosos de cerveja. Eu tinha uma namorada séria na época, que havia conhecido no curso, mas ela ia fazer faculdade. Então, isso não me impediu. Basicamente, eu tomava conta da cozinha e de uma sala de jantar de sessenta lugares, e eu ainda nem era propriamente qualificado. Eu fazia pratos como lebre guisada e caçarola de veado, assim como patês deliciosos. Lia inúmeros livros de receitas. Todos na região adoravam a comida, e o lugar ficou badalado. Mas acho que isso me subiu à cabeça: eu estava por minha conta, completamente livre, sem ninguém me pedindo satisfação. Eu dominava aquele lugar.

Certo dia, enquanto Paul estava em uma de suas viagens, Jackie ligou para a cozinha:

— Pode me trazer algo para comer? — ela disse.

— Do que você gostaria?

— Pode ser uma salada simples. Obrigada.

Então, preparei uma salada com um salmão cozido no molho e a levei para cima:

— Jackie, sua comida está pronta.

E ela abriu a porta — completamente nua. Me livrei da bandeja e fui direto para o quarto dela.

Durante os seis meses seguintes, eu tinha uma espécie de vida dupla. Havia Jackie, minha professora, e Helen, minha pupila. Você sabe como é quando se é jovem. É constrangedor e sem jeito. Às vezes, pelo menos antes de conhecer Jackie, eu achava que o sexo era como apontar um lápis. Era só enfiar e ficar rodando. Mas Jackie me ensinava várias coisas novas, o que era maravilhoso. O único problema é que Helen recebia um benefício adicional, o que significava que ela estava cada vez mais apaixonada por mim.

No começo, Paul ficava fora durante uns dois dias. Depois, ele começou a fazer viagens de uma semana para a Espanha para jogar golfe. Foi quando ficou intenso demais. As coisas estavam ficando pesadas, pesadas pra caralho. Jackie havia dito que me amava. A verdade é que eu gostava muito mais de fazer lebre guisada do que de transar com a esposa do chefe, mas o único motivo de eu estar na posição de comprar e cozinhar o que quisesse era porque estava trepando com ela. As coisas não estavam indo exatamente como o planejado e eu estava ficando tenso demais: ele podia perceber, podíamos ser pegos, o fato de ela sempre dizer que me amava. Então, eu disse a eles que estava indo embora para trabalhar em Londres. Ela enlouqueceu.

Acabei voltando ao Wickham Arms dois anos depois para o aniversário de 21 anos de um amigo. Alguém deve ter contado a Paul porque, enquanto ela continuava flertando comigo, ele estava claramente insatisfeito em me ver. Eu estava na cozinha, conversando com o novo chef, dizendo a ele como eu havia gostado do bufê. Havia um bolo de cenoura por perto e, sem pensar, enfiei meu dedo nele. Bem, uma das garçonetes deve ter me delatado para Paul porque, um segundo depois, ele entrou correndo e me empurrou forte contra a parede.

— Eu devia ter feito isso três anos atrás — ele disse. — Você sabe do que estou falando.

Então, ele tentou me dar um soco, mas, felizmente, um dos meus amigos se intrometeu, o que me deu tempo suficiente para fugir rapidamente dali. Saí correndo da cozinha, entrei no meu carro e desapareci noite adentro. Hilariante. Voltei a vê-los um bom tempo depois, quando apareceram no Aubergine no início de 1998. Eles haviam aberto um novo restaurante em uma vila em Buckinghamshire, e levaram o chef deles para me conhecer.

Naquela época, muitas coisas já haviam acontecido. Eles haviam me ligado, e ele disse que era um grande fã meu e perguntou se podiam passar no restaurante. Eu disse que sim, claro. Foi constrangedor — quero dizer, eu havia seguido em frente, não estava mais só cozinhando salmão e cortando alfazema —, mas achei que seria uma boa ideia revê-los. O problema foi que ficaram bêbados e meio desconfiados, e depois, quando perderam o trem de volta para Buckinghamshire, começaram a exigir que eu lhes oferecesse um lugar para dormir naquela noite. Ligamos para alguns hotéis atrás de um quarto para eles, mas a diária custava 250 libras, o que parecia deixá-los ainda mais aflitos. Não sei o que eles esperavam que eu fizesse — convidá-los para dormir no chão do meu apartamento além de ter cozinhado para eles? Bem, eu não faria isso. Tana estava grávida na época, então mandei a sobremesa deles e fui embora.

À 1h30 da manhã, recebi uma ligação de Jean-Claude, meu maître. Ele gritava comigo ao telefone. O chef de Paul e Jackie estava segurando meu maître no bar, exigindo que o filho da puta arrogante que havia ido embora sem se despedir — ou seja, eu — falasse ao telefone. Cerca de cinquenta minutos depois, apareci no restaurante de moto. Achei melhor ir, e eu estava certo. Estava um caos total. Meu chef, Mark, estava brigando com Paul, e o novo chef de Paul estava brigando com Jean-Claude. Obviamente, eu não podia simplesmente assistir à destruição do Aubergine muito menos à pancadaria entre meus funcionários. Mas os dois vieram na minha direção antes que eu tivesse tempo para pensar. Paul dizia: "Confiei em você. Como pôde! Você trepou com a minha esposa!" Todos os meus funcionários pensaram: O QUÊ? Dava para ver no rosto deles. A bagunça resultante gerou muitas manchetes quando a polícia chegou, porque havia muito sangue em todos os lugares. Fomos levados para prestar esclarecimentos e, quando tudo estava escrito no jornal *Evening Standard*, de Londres, previsivelmente, eu era o culpado por ter dado todos os socos. A matéria dizia: "Vim conhecer o grande mestre, mas, em vez disso, conheci um babaca arrogante", "Violência que não estava no cardápio" e "Ramsay deu um soco na boca do meu marido". Um monte de besteira. Tive de abrir um processo para resolver tudo. Fiquei na minha até os outros jornais exibirem os mesmos tipos de manchetes, e então dei início aos trâmites. Ganhei, é claro. Quanto a Paul, ele ficou sóbrio bem rápido assim que chegou a Buckinghamshire e me mandou um fax de duas páginas pedindo desculpas, o que marcou o fim dessa confusão.

Para ser honesto, esses dois realmente tomaram conta de mim, antes de tudo dar errado. Quero dizer, eu não era nenhum anjinho. É claro que eu não era nada inocente. Na verdade, eu era um filho da puta — sem meus pais por perto, com um lugar para morar, uma namorada, achando que era o rei da cocada preta. Eu pegava o carro do pai da minha namorada emprestado naquela época, mesmo não tendo passado no teste de direção. Costumava sair do restaurante à 1h30 da manhã e dirigia pelas estradas rurais até a casa da Helen. Uma noite, saí do pub nesse carro e virei a esquina, onde dei de cara com dois pares de farol: um carro ultrapassando o outro em uma curva. Tentei sair do caminho, mas eles bateram na traseira do meu carro, que saiu girando e bateu direto em uma linda sala de estar cheia de vigas do chalé mais próximo. Abri a cabeça, cortei os joelhos, e tudo o que eu queria fazer era sumir dali o mais rápido possível porque, é claro, eu não deveria estar dirigindo. Ainda faltavam cinco semanas para o meu teste. E foi o que eu fiz — eu fugi. Infelizmente, a polícia me encontrou três horas depois, escondido numa porra de um depósito de estrume.

Obviamente, fui processado. No fim das contas, o caso seria julgado um dia depois do dia do meu teste. Meu advogado recomendou veementemente que eu passasse no teste, pois isso ajudaria o meu caso no tribunal, mas não passei. Então, no fim, fui proibido de dirigir durante um ano apesar de, oficialmente, eu já não poder dirigir. Também tive de pagar uma multa de 400 libras. Por volta do ano de 2001, recebi uma carta de um advogado dos novos donos do chalé no qual eu havia batido; eles ainda estavam tentando conseguir as 27 mil libras pelos prejuízos que causei. Se passar pelo local hoje, no lugar onde fiz minha visita inesperada, dá para ver que os tijolos ainda são de cores diferentes. Sim, posso ter sido um jovem muito ambicioso, mas eu também era um tanto inconsequente. Não posso negar. Não culpo Paul por querer me bater. Qualquer homem faria a mesma coisa no lugar dele.

Então, lá fui eu em direção às luzes brilhantes de Londres. Eu era segundo assistente, nível dois, no Mayfair Hotel, nos novos refeitórios, como o planejado. Fiquei cerca de 16 meses lá e aprendi muita coisa. Eu fazia os mais deliciosos sanduíches, com salmão defumado cortado bem fininho, e ainda tinha de fazer serviço de quarto também. No meu dia de folga, eu fazia hora extra não remunerada, só para ter a oportunidade de trabalhar no que chamávamos de Châteu — o restaurante fino do hotel, onde todos os funcionários eram franceses. Se fizéssemos merda durante o serviço, tínhamos de trabalhar no café. Esse era o castigo. Era um lugar difícil. Se alguém faltasse porque estava doente, acabaria facilmente trabalhando um turno de 24 horas. Trabalhávamos o dia todo no restaurante e, durante a noite, nos ocupávamos da grelha e do serviço de quarto. Às 4h30 da manhã, todos os indianos jantavam e, depois, ficavam uma hora rezando, enquanto já estávamos preparando o café da manhã. Naquela época, os ovos mexidos de um hotel eram feitos em banho-maria. Batiam-se três bandejas de ovos que eram colocados junto com um pouco de creme de leite e temperos, em banho-maria, para que cozinhassem devagar, em um período de 2h30 e, no final, eles pareciam borracha.

Obviamente, como o bom garoto que era, eu disse: "Olha só, vou cuidar do café da manhã hoje. Vou fazer todos os ovos mexidos na hora em que pedirem, chef." E foi exatamente o que fiz. No entanto, me fodi quando cheguei, depois do meu dia de folga, porque muitas pessoas haviam reclamado da lerdeza dos cafés da manhã. "Mas, chef", eu disse, "posso ter sido um pouco lento, mas pelos menos os ovos não pareciam de borracha. Eles foram feitos na hora." Ele não estava nem aí. "Estou cagando", ele disse. "Tivemos de descontar uns 25 cafés da manhã das contas dos clientes." Me encheram muito o saco — recebi até um aviso por escrito. Mas isso, curiosamente, me ajudou de certa forma. Estava escrito explicitamente que eu trabalhava em um lugar que não era para mim — um lugar onde se recebia advertência por não se fazer ovos mexidos ruins. Eu sabia que tinha de sair dali.

Naquela época, havia um restaurante bem legal chamado Maxine de Paris, perto de Leicester Square, e eu tinha ouvido falar que estavam abrindo um restaurante em Soho chamado Braganza. Consegui um emprego lá como uma espécie de terceiro assistente, mas não fiquei muito tempo porque todos os pratos eram levados por garçons imbecis, em vez de serem pegos diretamente do balcão por um ser humano, o que significava que chegavam sempre um pouco frios, e eu não consegui lidar com isso. Mas lá havia um sous chef excelente chamado Martin Dickinson — agora chef do J. Sheekey —, que havia trabalhado em um restaurante com estrelas do Michelin chamado Waltons, na Walton Street. Martin era fenomenal. Acredito que foi nessa época que comecei a achar que estrelas do Michelin Stars eram o Santo Graal e que queria trabalhar em um restaurante sério. Martin parecia ser um deus para mim.

— Vá para uma cozinha decente — ele disse. — Este lugar não é para você. Confie em mim, você não quer trabalhar em um lugar onde servem frango defumado e salada de mamão. Vá logo embora deste lugar.

Eu teria percebido isso em algum momento, mas foi graças a Martin que saí de lá tão rapidamente. Fui até a cantina dos funcionários — que era, na verdade, uma salinha nojenta onde todos os chefs fumavam — peguei uma revista e fui até o jardim em Soho Square. "Minha nossa", eu disse a mim mesmo. "Aqui está Jesus." Porque na capa da revista estava Marco Pierre White, com cabelos compridos e olhos que pareciam estar roxos. Eu tinha 19 anos e ele, 25. Ele vinha de um alojamento social de Leeds, e então, quando vi com quem e onde havia trabalhado... Nico Ladenis, Raymond Blanc, La Tante Claire e Le Gavroche. Pensei: puta que pariu, ele já trabalhou com todos os melhores chefs do Reino Unido. Quero trabalhar com ele.

Liguei para ele na mesma hora.

— Onde você está trabalhando agora? — ele perguntou.

Então, eu respondi:

— Bem, deve ser um lugar de merda, porque Alastair Lilttle é o único lugar que conheço em Soho, e se não está trabalhando lá, é melhor nem vir aqui.

Eu não sabia o que dizer sobre o comentário dele, então eu disse, sem pensar, que estava quase indo para a França porque eu queria aprender a cozinhar direito.

— Você já tem onde trabalhar lá? — ele perguntou.

— Não, ainda não.

— Então, venha aqui amanhã de manhã.

Saí da cabine telefônica e voltei ao restaurante. Não conseguia parar de pensar no que ele havia dito.

Apareci no dia seguinte no que se tornaria o lendário Harvey's, como ele pedira. Estou falando dos primeiros dias do restaurante.

Estava aberto há apenas cerca de seis meses e demoraria mais seis para que ganhasse a primeira estrela do Michelin.

Acho que eu esperava entrar e vê-lo sentado em uma mesa criando cardápios ou algo do tipo. Não era nada disso. Passei por um beco sujo e escuro e disse a uma cara que estava parado lá: "Posso falar com Marco?" O cara se virou e olhou para mim. Era ele.

— Você é o Gordon?

— Isso.

— Fique aí.

Fiz o que ele mandou. Fiquei esperando durante uns vinte minutos enquanto ele desossava as patas de um porco. Eu não sabia o que pensar. Uma parte de mim queria jogar tudo para o alto e ir embora, mas a outra estava tão fascinada pelo que ele estava fazendo que perdi a noção de quanto tempo havia passado.

Finalmente, ele me levou até o salão de jantar, me fez sentar e me deu um café.

— Olha só — disse ele —, trabalhamos pra caralho aqui. Esta cozinha será a sua vida. Não haverá vida social nem namorada, e o dinheiro é uma merreca. Quer ir embora agora?

— Não, não. Nem pensar.

E foi isso. Logo depois, ele pediu que eu trocasse de roupa e fosse para a cozinha. Ele estava cozinhando massa, o que eu nunca havia feito em minha vida. Ele me mostrou como se faziam um ravióli e um tortellini, depois foi a minha vez de tentar.

— Não vão entrar no cardápio — disse ele. — Não estão perfeitos. Mas as coisas estão andando bem rápido aqui.

Eu estava com medo de fazer merda. Mas era quase como se eu estivesse fazendo um exercício de treinamento militar. Independentemente do que acontecesse, era preciso terminar a porra do exercício. Mesmo sendo desajeitado, eu estava determinado a chegar ao fim.

— Seus dedos são rápidos — disse ele. — Quer trabalhar aqui?

— Eu adoraria.

— Você começa na segunda.

Mas segunda-feira seria um problema.

— Preciso dar um mês de aviso prévio — disse.

— Bem, se você quiser mesmo a porra do emprego, começa na segunda.

Estava me cagando de medo, mas não havia nada que eu pudesse fazer: mais tarde naquele dia liguei para ele e disse que as pessoas do Braganza não me pagariam o salário do mês em questão se eu não trabalhasse durante o aviso prévio.

— Preciso pagar isso e aquilo — eu disse. — Vou ter de ficar onde estou.

— Em que horário você trabalha?

— Trabalho na parte da manhã até o fim do mês.

Problema resolvido. Eu trabalhava no primeiro turno no Braganza, de 7h às 16h, pegava o metrô para Victoria e o trem de lá até Wandsworth Common, onde trabalharia no Harvey's até duas da manhã do dia seguinte. Aguentei essa rotina durante todo o mês. Não tinha escolha. Acabou que o aviso que Marco tinha me dado sobre o restaurante tomar conta da minha vida era só o começo.

No início, admirava Marco mais do que podia admitir. Não estava apaixonado pela mitologia — aquele garoto ferrado que perdeu a mãe aos 6 anos e dedica seus pratos a ela desde então —, mas a comida dele me deixava sem palavras: a leveza, o controle, o fato de tudo ser feito na hora. Na cozinha, haveria seis porções de carne ou de perca do mar ou de tagliatelle, e não cinquenta. Tudo era muito fresco, tudo era feito na hora.

Havia um prato em particular que eu admirava: o tagliatelle de ostras com caviar do Marco. No livro mais famoso dele,

White Heat, ele fala um monte de merda sobre esse prato, de como foi sua primeira "flor perfeita", de como alguns chefs passam a vida toda procurando um prato como aquele. Besteira. Mesmo assim, acredito que será considerado um clássico. As ostras eram escaldadas no próprio caldo; havia maravilhosas tiras finas de pepino que também eram escaldadas no caldo das ostras, tudo isso com o caviar por cima. Era elegante, delicioso e simples. Era extraordinário. Não que eu tivesse tido a oportunidade de comer. Nós experimentávamos, experimentávamos, experimentávamos, mas nunca comíamos realmente. Nunca vi Marco se sentar e comer. Nunca.

Era como se eu estivesse calçando o primeiro par de chuteiras de novo. Me senti lá embaixo na escala. Em relação à velocidade, eu estava bem; minha habilidade com as facas era ótima. Mas todo o resto que havia aprendido eu precisava esquecer. Tudo que produzíamos tinha muita integridade: era uma comida simples e honesta, e o sabor era fenomenal. O molho precisava ser experimentado umas dez, quinze vezes para uma única porção. Depois, começávamos tudo de novo quando chegava o pedido de uma outra mesa. Uma porção, um molho.

No entanto, era o lugar mais difícil de se trabalhar que se pode imaginar. Era preciso se esforçar ao máximo todo dia e toda noite, aprendendo a engolir muita merda e fechar a boca, e trabalhando mais ainda quando isso acontecesse. Muitos garotos não aguentavam o ritmo e acabavam saindo. Quando isso acontecia, me sentia como se tivesse sido capaz de sobreviver ao que eles não conseguiram.

Marco liderava uma ditadura: sua palavra, e apenas ela, era tudo o que importava. Ele se achava uma espécie de mafioso: sinistro, ressentido e assustador pra caralho. Ele tinha seus "protegidos", e, de repente, eles eram demitidos. Elogiava alguém, depois acabava com essa pessoa. Ele causava danos mentais e físicos. Aparecia quando menos se esperava, em silêncio. Sua alteração de humor era inacreditável. Numa hora, ele era só sorrisos, mexendo no cabelo dos funcionários, quase apertando a bochecha deles. Na outra, ele estava atirando uma panela pela cozinha. Geralmente, a panela estava cheia. Era caldo para tudo quanto é lado, ou então água fervendo ou sopa. Mas ninguém dizia nada. Tínhamos de esperar a calmaria depois da tempestade para arrumar as coisas, sem fazer nenhuma pergunta. Marco nunca estava errado. Quem não gostasse disso, estava mais do que convidado para sair porta afora e arranjar emprego em outro restaurante. Mas tanto ele quanto nós sabíamos que não havia nenhum lugar como o Harvey's. Havia cozinhas melhores, com mais estrelas e mais reputação, mas aquele lugar era diferente. Nós éramos uma equipe pequena e jovem, e estávamos abrindo caminho. White Heat, com suas fotos artísticas em preto e branco e seus comentários exaustivos de merda, era bem citado.

A primeira vez que vi Marco bater em alguém, fiquei parado, boquiaberto. Era um cara chamado Jason Everett. Ele se deu muito mal, e eu não sabia para onde olhar. É sério. Ele foi espancado, e ficou caído no chão. Outra vez, Egon Ronay estava no restaurante, e havia um prato de carne de vitela no cardápio. Bem, Jason havia deixado os rins cozinharem demais, e Marco ficou enlouquecido. "Tudo bem, Marco", disse Jason. "Estraguei os rins. Vou pedir desculpa a Egon Ronay. Pode deixar que eu mesmo vou. Deixe comigo. Já cansei disso." Ele estava no beco perto do restaurante quando Marco disse: "Esse uniforme de chef, essa calça, essa porra dessa roupa é minha. Tire essa merda e fique só de cueca." E foi isso que o pobre coitado fez. Ele tirou o uniforme todo, chorando desesperadamente, e teve de passar em frente ao restaurante seminu.

Todos éramos jovens e inseguros, e Marco se aproveitava disso. Muitos de nós tínhamos muita bagagem emocional. Ele descobria sobre nossa vida pessoal enquanto descascávamos aspargos ou batatas. Então, quatro horas depois, quando já estivéssemos no meio do serviço e alguém fizesse alguma besteira, ele diria: "Eu disse que você era uma merda de cozinheiro. Você não consegue nem assar um pombo porque está ocupado demais se preocupando com o divórcio dos seus pais." Certa vez ele me disse: "Sabe qual foi a melhor coisa que aconteceu com você, Ramsay? Aquela merda que escorreu pela perna da sua mãe quando você nasceu." Mas, se respondêssemos, as coisas só pioravam. Era melhor continuarmos desossando as patas ou o que estivéssemos fazendo. Uma vez, ele estava contando uma história bizarra sobre quando pulou de um trem. Todo mundo estava rindo. Mas aí eu disse: "Até parece." Ele pegou uma faca e a jogou para baixo. Depois, ele me agarrou e me empurrou contra a parede. Era quase como estar em casa com o meu pai de novo. Talvez tenha sido por causa disso que consegui aguentar esses maus-tratos durante tanto tempo.

Outra situação clássica foi quando Stephen Terry, um outro chef, foi ao enterro do avô e cometeu o erro de ir ao encontro com os familiares que houve depois. Quando chegou ao restaurante um pouco atrasado, Marco disse: "Eu avisei que você podia ir ao enterro, mas que não podia ir a nenhum lanchinho depois. Quero que volte para a cozinha agora." Steve estava chorando muito. Estávamos fazendo tagliatelle naquele dia, e Marco ficava gritando: "Vamos, Steve, anda com essa merda, seu bosta." Então, Steve disse: "Está bem, Marco, estou indo, porra." E foi isso. Poft. Marco deu um tapa na cara dele.

— Acabou — disse ele. — Pode sair daqui. É melhor se enterrar e ficar junto ao seu avô.

Depois que Jason Everett foi embora, todos ficamos na merda. Trabalhar no Harvey's era fisicamente exaustivo de qualquer jeito. Aos domingos, dormíamos o dia todo. Mas, quando perdíamos um integrante da equipe, ninguém tinha folga. Até que um dia Marco me chamou ao escritório no andar de cima.

— Quero que você me faça um favor — disse ele. — Jason mora no seu apartamento, não mora?

— Mora.

— Bem, eu o demiti, mas ele continua na minha cozinha.

Eu não fazia ideia do que ele estava querendo dizer.

— Quero dizer que ele está dormindo na sua casa, e você trabalha para mim. Quando você chega ao trabalho de manhã, vocês dormiram sob o mesmo teto. Quero que vá para casa hoje e expulse-o de lá. Quero que despeje as roupas, as facas e qualquer uniforme de chef que ele tiver na rua.

Eu disse a Marco que não podia fazer isso. Eu adorava o meu trabalho, mas não podia fazer o que ele havia pedido.

— Vai me demitir? — Perguntei.

— Fique aqui — disse ele. Logo depois, ele estava ao telefone.

Ele ligou para um restaurante e disse: "Oi, Jonh, é Marco. Olha só, estou na merda. Meu sous chef (era eu) está sendo ineficiente."

Eu não podia acreditar. Ineficiente? Depois de todo o trabalho que eu tinha feito?

— Então, John, três cozinheiros para a próxima segunda.

Ele desligou o telefone e disse para mim:

— Você vai embora daqui a uma semana. Quero o seu aviso prévio.

Voltei para o andar de baixo. Os outros perguntaram se estava tudo bem, e eu disse que estava.

Comecei a fazer ravióli, pois naquela época eu já estava mandando na cozinha. Terminei o primeiro e tive um estalo: arremessei o ravióli na parede. Que se foda, pensei. Saí do restaurante e entrei na estação de metrô em frente, onde arranquei meu uniforme e o joguei no lixo mais próximo. Voltei para o meu apartamento em Clapham.

— O que está fazendo aqui? — Perguntou Jason. — São só 18h.

— Troque de roupa, cara. Vamos sair. Marco me pediu para expulsar você, e eu não posso fazer isso. Ele disse que eu saio daqui a uma semana. Por que devo esperar uma semana?

Quinze minutos depois, estávamos nos arrumando quando, de repente, Steve Terry e outro chef, Tim Hughes, e todos os garçons franceses estavam no meu apartamento. "Marco fechou o restaurante porque você foi embora", disse Steve. Eu não podia acreditar. O gerente do restaurante precisou ligar para todos os clientes e inventar desculpas para o fato de Marco ter fechado o restaurante.

Era uma noite de sábado. Nós NUNCA tínhamos folga no sábado à noite. Fomos a Hammersmith Palai e enchemos a cara. Na noite seguinte, todos fomos a um pub chamado Sussex. Todos os chefs de Londres se reuniam lá aos domingos. Eram umas 9h da noite. Estava meio tonto quando, de repente, a música parou e alguém gritou: "Tem algum Gordon Ramsay aqui?" Havia uma ligação para mim atrás do bar. Quando atendi, uma voz disse: "Gordon. Marco." Sussurrei o nome dele para todos os meus amigos e todos começaram a gritar insultos.

— Está claro que você está com os seus amigos — disse ele —, mas acho que deveríamos conversar.

Disse que viajaria de férias: iria para Tenerife no dia seguinte.

— Por que você vai para essa merda de lugar?

— Marco, depois do que você fez com o Jason e comigo, para ser sincero, eu não aguento mais. Você me fez chegar ao meu limite, preciso ir embora.

Mas ele era insistente; ele precisava falar comigo, e eu cedi. Por quê? A verdade é que, apesar de tudo, ele tinha uma grande influência sobre mim. Eu havia confiado segredos a ele. Os maus-tratos que sofri com meu pai não tinham objetivo algum. Porém, com Marco, quanto mais ele me ferrava, quanto mais ele acabava comigo, mais eu sentia que estava melhorando. Parece loucura, mas eu estava ficando grato por todos aqueles maus-tratos. O que me salvou foi que fisicamente eu aguentava tudo, mesmo quando parecia ser um treinamento militar.

Combinamos de nos encontrar no Harvey's à meia-noite.

Entrei no restaurante, que estava completamente escuro. Pensei: maravilha, ele não está aqui. Mas quando acendi as luzes, lá estava ele, sentado no canto do salão com uma garrafa de Badoit.

Voltei a trabalhar no dia seguinte.

Como ele me convenceu? "Por que está jogando isso tudo fora?", disse ele. "Se você não voltar para a cozinha amanhã de manhã, vai se arrepender pelo resto da sua vida. Vou dizer a todos que você UM DIA trabalhou aqui." Parecia que, no momento em que saísse pela porta, eu tomaria um tiro.

Ele era esperto, e não ficou na dele. Em vez disso, fez com que me sentisse especial. Mudou as regras do jogo, e praticamente me deu acesso irrestrito ao Harvey's. Quando voltei a trabalhar, eu tinha outra carta na manga. Era o braço direito dele.

No entanto, essencialmente, a situação continuava a mesma — o clima de medo. Ele nunca comentava como alguém era bom. Cozinheiros novos e talentosos vinham trabalhar com a gente — mais velhos e mais experientes que eu —, mas nunca ficavam. Eles diziam que eu não precisava aturar aquele tipo de merda, que aquilo não era normal. Não tinha problema em ser ambicioso, obstinado e disposto a trabalhar, mas podia ter uma vida também. A questão era que aqueles de nós que continuavam na cozinha eram como aviões de guerra, e eles eram os inimigos, e toda vez que um deles era derrubado, só significava mais um corte no nosso estojo de facas.

Marco poderia ser completamente irracional. Era difícil entender como o humor dele podia variar tanto. Só alguns anos depois comecei a pensar: como alguém pode ser tão bom, tão dinâmico numa hora e, três minutos depois, ser completamente diferente? Só quando trabalhei em outras cozinhas realmente boas, e tinha base para comparar com a do Harvey's, percebi que, apesar de sua genialidade criativa, o comportamento de Marco era anormalmente errático.

Folgas estavam fora de questão na maior parte do tempo. A única maneira de termos uma folga era pegando as chalotas ou os cogumelos para descascá-los enquanto estivéssemos sentados na área pública, e seria uma desgraça se Marco olhasse pela janela do escritório e nos visse de bobeira. Teríamos de comer nosso chocolate e tomar nosso energético ao mesmo tempo. Todos parecíamos bulímicos infelizes. Certo dia, ele ia sair para almoçar com Albert Roux. Isso significava que teríamos de fazer o almoço sozinhos, algo que me deixou bem animado. Porém, ele disse que ia fazer os molhos para o jantar daquela noite quando voltasse do almoço. Pensei comigo mesmo: merda, isso quer dizer que ele vai fazer os molhos enquanto estivermos na nossa "folga". Então, resolvi fazê-los eu mesmo. Eu estava tão orgulhoso deles: o molho de morácea, o de vinho tinto Hermitage, o madeira, o velouté de peixe. Pouco depois do meio-dia, logo antes de sair, ele veio se despedir. Foi quando viu os molhos prontos.

— Que merda está acontecendo aqui? — Disse ele. — Quem finalizou os molhos?

Steve Terry ficou quieto. Tim Hughes desapareceu para a seção de massas. Então, levantei a mão.

— Marco, fui eu. Eu terminei de fazer os molhos. Eu já ia fervê-los e deixar cozinhar durante vinte minutos.

Imediatamente a cozinha parecia Bagdá. As panelas voavam na gente. Ficamos escondidos atrás da máquina de sorbet. Ele enlouqueceu. Realmente ficou louco. Finalmente, jogou os próprios molhos. Além de o fato ter acabado com a nossa folga de quinze minutos, ficamos na merda para fazer os molhos daquela noite. Fiquei arrasado. Meus olhos se encheram de lágrimas. Não havia nada de errado com os molhos. Ele nem sequer chegou a prová-los.

Outra vez, houve um incidente relacionado a um terrine de alho-poró. Era um terrine muito famoso, uma parte recheada com lagostim, lagosta ou camarão Dublin Bay, outra sem nada para os vegetarianos, a qual era marcada com uma fita adesiva azul. Esse terrine era prensado durantes duas horas e meia, custando 100 libras cada pedaço. Talvez fosse por isso que, apesar de todos sermos perfeitamente competentes, não tivéssemos permissão para fatiá-lo. Apenas Marco podia fazer isso. Enfim, durante certo dia de trabalho, ele gritou comigo: "Então, vegetariano, qual é a parte vegetariana?" Respondi que era a parte com a fita adesiva, mas ele já tinha virado o terrine. Isso significava que ele estava fatiando a parte errada. Então, apontei o erro dele.

— Sua bicha de merda — disse ele. — Você não sabe qual é a parte certa.

Mesmo assim, ele continuou fatiando. Cada vez que ele cortava uma fatia, jogava-a em mim. E assim ele seguiu, fatiando e jogando, até chegar à metade do terrine.

— Não ouse falar comigo — disse ele.

— Mas, Marco, você está fatiando a parte errada.

Ele pegou o que havia restado do terrine e jogou em mim. Eu parecia um espantalho, só que, em vez de ser de palha, era de alho-poró. Mandaram o maître avisar ao cliente que havia um problema com o terrine, e Marco não ficou nem um pouco satisfeito. Essa foi outra vez em que fui embora, só que Marco veio atrás de mim na rua, me chamando de volta. Porém, ele não pediu desculpa.

Trabalhei no Harvey's durante dois anos e dez meses. Foi um grande aprendizado para mim, mudando completamente a maneira como eu cozinhava.

O problema era que Marco me fazia sentir como se não houvesse nada além do Harvey's, que nenhum outro lugar importava. Simplesmente não era verdade. Mesmo que não estivesse completamente esgotado dos ataques de ira, da implicância e da violência, eu precisava mudar de ares se quisesse me tornar o tipo de chef que desesperadamente queria ser. E esse foi exatamente o meu passo seguinte.

CAPÍTULO 4

SAÍDA À FRANCESA

CONSEGUI UM EMPREGO com Alain Ducasse em Paris, mas, é claro, Marco não queria saber. "Você é um imbecil", disse ele. "Você não vai durar nada. Vá para uma cozinha francesa no país onde você NASCEU antes de ir para a França. Vou arrumar um emprego para você no Le Gavroche."

O Le Gavroche está aberto desde os anos 1960. Hoje em dia é gerenciado pelo meu amigo Michel Roux Junior, um companheiro de maratonas, mas naquela época o homem da cozinha ainda era Albert, o pai de Michel. Eu não queria trabalhar para Albert. Marco havia trabalhado para todos os melhores chefs da Inglaterra — Nico Ladenis, Raymond Blanc, Albert Roux, Pierre Koffmann — e agora cozinhava tão bem quanto eles. Por um lado, eu já havia absorvido tudo o que podia dele, então qual seria o objetivo de voltar aos seus professores? Por outro lado, o restaurante era, e ainda é, um lugar onde o espírito de Escoffier está muito evidente, então era EXATAMENTE o tipo de estabelecimento em que queria trabalhar, mesmo que fosse em Mayfair e não em Montparnasse. Também havia outro atrativo. A melhor coisa de lá, na minha opinião, era que só abria de segunda a sexta. Pela primeira vez na minha vida, teria a oportunidade de aproveitar direito um fim de semana. Bem, essa era a teoria.

Eu estava financeiramente na merda. As coisas estavam ruins no apartamento em Clapham em que meu colega Steve Terry e eu morávamos. Nossa hipoteca era de 1.600 libras por mês, o que era um pesadelo. Só havíamos pegado 70 mil libras emprestado de início, mas em 1988 as taxas de juros estavam uma loucura. Estávamos muito fodidos de grana.

Quando cheguei ao Le Gavroche, disse: "Estou muito feliz em estar aqui, muito obrigado por me deixar trabalhar aqui, sim, senhor, não, senhor, três sacolas cheias, senhor." E voltei a ser um assistente de chef. Em outras palavras, fiquei com menos dinheiro ainda e, como resultado, mais na merda do que nunca. Então, nos sábados à noite, eu trabalhava no Harvey's para que Marco pudesse tirar a noite de folga. Eu continuava sendo a única pessoa em quem ele confiava para tomar conta da cozinha — só que fazer isso era mais difícil agora. Os funcionários estavam revoltados, dando as costas para mim quando eu chegava. Acho que não posso culpá-los. Eles não me viam de segunda a sexta e, de repente, eu estava ali mandando neles de novo. Por esse prazer, eu recebia 50 libras cada vez que ia.

Era inacreditavelmente difícil. Eu tinha de estar no Le Gavroche às 6h30 da manhã. Eu precisava de toda a energia possível e, se ficasse para trás, seria abandonado, à procura de um novo emprego. Correu um boato de que eu estava fazendo bico no Harvey's. Fiquei muito tenso. Em uma noite de sábado, Albert e Michel, seu irmão, estavam entrando no Harvey's para jantar, e fiquei morrendo de medo de eles me virem na cozinha. Estava me cagando de medo. Eu disse a Marco: "Olha só, estou na merda. Passo o dia todo na cama aos domingos e, às 5h30 da manhã de segunda, não consigo levantar. Estou completamente exausto." Sei de pelo menos um chef que dormia na cozinha do Le Gavroche aos domingos para estar pronto para a manhã seguinte. Era dessa maneira que aquele regime nos afetava caso não estivéssemos preparados.

Michel, filho de Albert, já tinha percebido que eu trabalhava no Harvey's. Então, disse a verdade, e ele ficou completamente enlouquecido. Mas era um cara ótimo — me emprestou dinheiro para que eu não precisasse mais trabalhar no Harvey's. "Olhe", ele disse, "pode me pagar depois." Até então, Marco ligava para o Le Gavroche de cinco em cinco minutos, tentando descobrir como eu estava indo, me pressionando. Finalmente, eu podia me concentrar de novo.

Obviamente tive minhas diferenças com a família Roux. Albert era um ótimo chef e Michel Junior é meu amigo hoje em dia. Era ótimo trabalhar com ele: depois de um bom dia de trabalho, ganhávamos uma cerveja e um tapinha nas costas. Mas Michel Senior, bem, digamos que não somos fãs um do outro. Há alguns anos, ele falou mal do *Kitchen Nightmares*, meu programa no Channel 4, além de ter me ofendido pessoalmente, insistindo que não se pode manter três estrelas do Michelin sem estar na cozinha o tempo todo. Bem, eu estava muito orgulhoso daquele programa, que veio a ganhar um Bafta. Nunca me dei bem com ele, e apesar de admirar a maneira como ele cozinha, nunca gostei realmente dele como pessoa.

Albert me convidou para trabalhar com ele em um lugar chamado Hotel Diva, um resort de esqui nos Alpes Franceses, em uma estância chamada Isola, logo acima de Nice, onde ele era consultor. A ideia era que eu fosse o braço direito dele. Passei uma temporada lá e achei maravilhoso, uma espécie de trabalho nas férias. Foi um lugar para começar a aprender francês e a entender a França. Logo arrumei uma namorada francesa (apesar de ainda ter uma namorada na Inglaterra, o que significou que tive muitas explicações para dar quando ela perguntou como fiquei fluente tão rápido). Eu só tinha 23 anos, mas acho que Albert começou a perceber como era genuinamente obcecado pela ideia da França. E, para mim, parecia um milagre. Na Stratford High, muitas crianças faziam viagens para esquiar, mas nunca a gente, é claro, porque não tínhamos dinheiro. Finalmente, eu estava esquiando! Parecia um completo idiota quando esquiei pela primeira vez, é claro — insisti em descer logo a pista, sem ter aula nenhuma, sempre aprendendo na marra.

A cozinha lá era um desafio porque o meu francês era muito ruim. Não podia dar ordens a ninguém. Conheci Jean-Claude, que é meu maître no Royal Hospital Road, no Le Gavroche; ele foi para Diva com a gente e traduzia o que os clientes diziam. Mas foi uma experiência maravilhosa. O chef do Diva, Alan McLellan, era um americano conhecido como "Caubói". Ele era um cara legal, mas tinha o paladar de um traseiro de uma vaca. Em uma ocasião, um casal que comera lá quando ele era responsável pela cozinha havia reclamado. Na noite seguinte, eu estava no comando, pois Alan estava ausente, e o mesmo casal voltara para comer. Quando terminaram de jantar, Jean-Claude entrou na cozinha dizendo: "Uh-lá-lá, os clientes da mesa sete disseram que o jantar estava simplesmente maravilhoso." Eu mal podia acreditar no que ouvira.

Havia uma escola de culinária lá também, e apareceram vários ônibus cheios de pessoas que haviam agendado férias pelas promoções de jornais. Eles esquiavam durante o dia, faziam aulas de culinária à noite e depois se deliciavam com um jantar gourmet. Albert aparecia até três dias seguidos, e tudo precisava estar perfeito, dos croissants até o serviço de quarto.

Certa noite, tivemos de preparar um menu degustação de oito pratos para um grupo gigantesco de leitores do *Mail on Sunday*. Eu estava no comando do peixe e da carne, e o chef, Alan, encarregado da bouillabaisse*, que era a entrada. A sopa estava pronta desde a manhã daquele dia, mas em vez de colocá-la na geladeira para esfriar, Alan a entornou em baldes de aço inoxidável e mandou os assistentes levá-los para esfriar lá fora na neve. O problema era que a temperatura era de -23°C, então à medida que esfriava, a sopa estava congelando na superfície, enquanto a parte de baixo ainda estava quente. Isso fez com que a sopa apodrecesse, como uma vasilha de fermento. E Alan se esqueceu completamente de trazer os baldes para dentro e escumar a sopa para tirar a gordura.

Champanhe e canapés foram servidos, e depois todos se sentaram para jantar. "Caralho", disse Alan. "Pegue a bouillabaisse para mim, Ramsay." Foi, então, que ele lembrou que ela ainda estava lá fora. E lá fui eu. Àquela altura, os baldes já estavam cobertos por uma camada de neve. Tirei o gelo de cima e enfiei os dedos em um deles. Estava horrível, como queijo parmesão quente. Nojento.

Entrei correndo com os baldes.

— Me dá logo, eles já estão sentando — gritou.

— Acho melhor dar uma olhada antes — repliquei.

Até que Albert entrou, gritando que queria experimentar um pouco da bouillabaisse. Nesse momento, Alan, o chef, resolveu que eu deveria assumir a culpa pelo estrago.

— De jeito nenhum — respondi. — Não vou mentir para Albert Roux.

Mentir é o maior pecado que se pode cometer em uma cozinha. Trabalhar com alguém que mente é pior que trabalhar com alguém que não sabe cozinhar. Em vez de admitir o erro, Alan ferveu a sopa, escumou a espuma e a fermentação e adicionou um pouco de Brandy. Depois, ele deu para Albert pro-

* Bouillabaisse é uma sopa de peixe típica da culinária francesa. *(N. da T.)*

var. Puta que pariu. Parecia que uma avalanche estava descendo sobre o Hotel Diva. Ele ficou furioso, completamente furioso. Pegou o balde e o arremessou. Ele estava mirando em Alan, mas foi o faxineiro da cozinha que tomou o banho maior. Havia açafrão e tomate por todos os cantos, espumando em todas as paredes com uma espécie de ectoplasma alienígena. O lugar ficou coberto disso. O que aconteceu depois? Albert foi para o salão e fez um discurso. Enquanto isso, nós fizemos a bouillabaisse na hora, do zero. Levamos 45 minutos. Nunca vi uma sopa profissional ter sido feita tão rapidamente. Eu a dividi em seis panelas, e havia 14 pessoas correndo entre elas, triturando, passando no processador e escumando — oitenta porções ao todo. Que pesadelo!

Aquelas 15 semanas foram uma época de sonho. Havia um cinema de vinte lugares, e todos os filmes que passavam eram em francês. Costumava assistir aos filmes, ouvindo burramente o francês, na esperança de absorver tudo o que eu podia por osmose — e depois ia para casa dormir ao som daquelas fitas que ensinam línguas. Era a mesma coisa. Ficava deitado, olhando para aquelas montanhas maravilhosas e para as cadeiras dos teleféricos cheias de pingentes de gelo. De manhã, a gente acordava com os barulhos de pancadas que criavam pequenas avalanches propositais para limpar a pista. O ar era fresco e a minha cabeça estava tranquila, e, depois de dois meses, eu comecei a pegar o sotaque e a pronúncia do francês. Depois disso, me recusei a falar inglês. Continuo sem saber escrever nada em francês — a não ser que eu esteja criando um cardápio. E posso dar ordens a alguém na cozinha, e é isso que importa.

Das pistas de esqui, segui meu caminho — enfim — a Paris. Lá meu salário baixou ainda mais — o salário-mínimo do governo francês. Era o fundo do poço, muito pior do que ser um assistente. Mas, acredite, como um inglês trabalhando em uma cozinha francesa, eles não me pagariam bem. No fim, eu recebia 480 libras por mês.

Por sorte, eu era sustentado pela minha namorada da época. A assistente pessoal de Albert era uma garota chamada Rosalind, que havia sido minha namorada no Le Gavroche. Nos conhecemos em uma festa de Natal, então é claro que todos espalharam que estávamos transando porque eu queria garantir uma boa referência. Sabe como é, ela era nove anos mais velha que eu. Mas essa não era a questão. Enfim, ela já havia morado em Paris antes e estava determinada a ficar comigo lá. Ela conseguiu um emprego fantástico, arranjamos um apartamento, e ela pagava a maior parte das contas. Nunca me esquecerei disso — a ajuda que ela me deu quando eu mais precisava. Sem dúvida, ela foi ótima — apesar de não nos falarmos mais, pois as coisas terminaram mal.

Paris foi maravilhoso: passeando nos mercados, trabalhando em cafés aprendendo a fazer latte e capuccino e criando saladas decentes. Apenas descobrindo como fazer as coisas mais simples corretamente. Mas eu estava sem um tostão. Depois de pagar a minha parte do aluguel, sobravam mais ou menos 80 libras por mês. De certa maneira, foi humilhante, como estar de novo na escola, recebendo comida de graça. De acordo com a lei francesa, meu empregador era obrigado a me devolver metade do valor gasto no metrô. Então, toda segunda-feira de manhã, eu ia lá com meus bilhetes laranja recuperar meus 10 francos. Mesmo assim, meu objetivo era muito claro: meu lugar era lá.

Meu primeiro emprego foi no Guy Savoy, que tinha duas estrelas do Michelin. Quando entrei pela primeira vez na cozinha desse restaurante, me senti tão segregado e diferente, como nunca antes na minha vida. Todos me ignoravam. Nem os faxineiros da cozinha me respeitavam. No meu primeiro dia, alguém roubou minhas meias.

Ninguém estava interessado no fato de eu ter vindo de um restaurante com três estrelas. Só sabiam que eu era um *rosbif** e, como tal, deveria saber meu lugar. Nos primeiros três meses, fiquei na seção de sobremesas, operando máquinas de sorbet. A coisa mais legal de operar uma máquina de sorbet é, bem, não há nada de legal em operar uma máquina de sorbet — a menos que se considere o fato de se começar assim que o cliente faz o pedido para que o gelo fique leve e arejado. Havia dez máquinas gerando dez sabores diferentes. Eu criava saladas de frutas exóticas e sorbets de chocolate maravilhosos, que eram levados à mesa em um carrinho. Eu conseguia tirar formas perfeitas de sorbet com uma só mão. Lindo. O problema era que eu sabia cozinhar, e eles não faziam ideia! Eu havia trabalhado em dois dos melhores restaurantes da Grã Bretanha, e tinha passado um bom tempo no sul da França. Mas eles não estavam nem aí, não estavam nem um pouco interessados. Pelo menos, não até eu ser mais fluente em francês. E, mesmo assim, eu tinha de esperar a minha vez. O chef das sobremesas era irritante. Eu tinha de afiar suas facas todo dia, além de ter de varrer o chão enquanto ele estava trabalhando. Ele gritava comigo: varra o chão. O prazer que ele sentia em me ver varrendo entre suas pernas era óbvio. Eu tinha de pegar seus almoços, jantares e expressos. Por sorte, eu também trabalhava em um café, então toda vez que eu colocava uma xícara de café na frente daquele presunçoso, pelo menos eu sabia que ele nunca ia reclamar. Era o café mais maravilhoso que ele iria beber na vida. Se ele estava tentando me fazer desistir... Bem, quanto mais escroto ele era comigo, mais eu queria continuar.

---

* Apelido ofensivo dos franceses para os ingleses pelo fato de o rosbife ser um prato muito popular na Inglaterra e pela maneira como os ingleses o cozinham. (*N. da T.*)

Meu tempo como rei dos sorbets foi um verdadeiro teste de paciência. Eu poderia ter voltado a Londres, arranjado um emprego legal que pagasse decentemente. Mas uma vozinha me dizia para continuar — quanto mais eu treinasse, mais fácil seria que essas coisas acontecessem comigo. Em Paris, aprendi a ter total respeito pela comida e como podemos criar alguma coisa do nada de maneira inteligente. Alho-poró, por exemplo. No Harvey's, usávamos mais ou menos metade de um alho-poró com 100cm — 1,3cm da parte branca para acrescentar a uma sopa ou usar como guarnição. O restante iria para o lixo. Na França, usávamos a melhor porção da parte branca na sopa, mas usávamos o restante em um molho, mais um pouco em uma musse e a parte de cima era usada para fazer o jantar dos funcionários. Nada ia para o lixo. A maneira como assavam capões e galinhas d'angola maravilhosos, como cozinhavam fígado de bezerro e como, toda tarde, as compras eram feitas no mercado do *arrondissement.** O chef pedia pequenas porções: 16 tomates, ou 12 chalotas, ou apenas duas percas do mar. Tudo estava relacionado à precisão e ao frescor. Meus olhos foram abertos.

A seção de sobremesas era no andar de baixo. É óbvio que eu estava louco para ficar no andar de cima, e sempre ouvia o que estava acontecendo lá de baixo, no pé da escada. Eu odiava todas as vezes que deveria fazer doces, mas posso dizer que estou feliz por ter passado por isso.

Fazíamos lindas tortas de maçã caramelizada servidas com creme de pimenta do reino. Criávamos o terrine mais maravilhoso de grapefruit rosa, prensado com coentro e servido com sorbet Earl Grey. Havia também o crème brûlée com ruibarbo assado, servido com uma maçã fresca Granny Smith que havia

---

* O *arrondissement* é uma divisão administrativa usada em alguns países francófanos e nos Países Baixos. (*N. do E.*)

sido congelada e espremida. O suco da maçã era servido em um copo de tequila, uma espécie de cobertura verde maravilhosa que seria despejada no crème brûlée. Ainda suspiro só de lembrar. Eles eram simplesmente fantásticos.

Demorei três meses para chegar ao andar de cima. Eles me colocaram na seção de peixes, umas das mais difíceis de todas. Era um batismo de fogo. O peixe exige precisão. Não existe "ao ponto" nem "malpassado" quando o assunto é peixe. Se cozinhar trinta segundos a mais, a perca fica seca, uma tragédia. Mas, assim que cheguei lá, eu me lancei, não havia nada que me impedisse. Juro que senti como se tivesse o maior pênis de toda a França.

A primeira coisa que cozinhei foi uma perca do mar. O molho era feito de um caldo de peixe maravilhoso infundido com baunilha. Ele era batido com muita manteiga, ficando parecido com uma musse. No entanto, uma coisa que nunca consegui entender era que pela primeira e única vez na minha vida de chef, quando a perca era assada, as escamas não eram retiradas. Quando o peixe era levemente frito, as escamas se ouriçavam, e ele começava a parecer um porco-espinho. O chef disse que os sabores mais procurados estavam nas escamas, mas tudo o que eu sabia era que todos os pratos voltavam com as escamas. Então, apesar de ter uma aparência incrível, o gosto era uma merda. "Chef", disse eu, "posso tirar as escamas para você." Mas ele surtou, como se eu estivesse tentando mandar nele. Ainda tenho muito respeito por Guy Savoy — ele foi o melhor chef com quem trabalhei — mas, até hoje, ele serve a perca com escamas. Bizarro. Outros pratos assinados por ele, porém, tinham um toque de gênio, como se o fundo do mar se encontrasse com a terra, se é que isso não parece pretensioso demais. Lembro de um risoto de caranguejo maravilhoso retocado com manteiga de ouriço-do-mar.

Quando se está na seção de peixes, fica-se ao lado da de carnes e em frente à de legumes e hortaliças, e o *timing* é tudo, então sempre prestamos atenção no que todo mundo está fazendo. Eu era um merda orgulhoso. Sempre o primeiro a chegar à cozinha, ficava de olho em todos. Talvez por isso Guy tenha desenvolvido um carinho por mim, porque logo começamos a nos dar muito bem. Depois de duas semanas no andar de cima, ele me deu ingressos para um jogo de futebol da Inglaterra. Eu ganhara o respeito dele. Não me importa o que digam, é preciso trabalhar duas vezes mais que qualquer pessoa quando se é inglês em uma cozinha francesa. Eu era o primeiro a chegar e o último a sair, e sempre implorava para fazer o jantar dos funcionários. A única maneira de sobreviver lá era cozinhando como um touros, sem dar bobeira, sem desmoronar emocionalmente e sem desistir. Eu mantive meu posto. Depois de um mês na seção de peixes, eu estava forte como um touro e meu francês estava melhorando. Eu já estava em Paris há quatro meses e as coisas iam a mil quilômetros por hora. Fui promovido à posição de chef sênior e me senti muito especial. Mesmo assim, continuei me esforçando. Não tirava a minha folga de meio dia durante a semana. Era obrigatório por lei, mas eu não tirava de jeito nenhum. Eu trabalhava sem ganhar nada. No entanto, eu não podia ficar na seção de peixes porque, como era meu dia de folga, meu substituto estava lá, e por isso eu trabalhava na seção de legumes. É óbvio que meus colegas não gostavam disso. Esse "inglesinho" metido! Então, começaram a me ignorar ou falavam muito rápido para que eu não entendesse direito. E alguém continuava roubando minhas meias. Um par desaparecia toda vez que eu me trocava — algo que nunca acontecia com nenhum outro chef. Em pouco tempo, porém, Guy começou a vir falar comigo no meio do serviço, me beliscando, contando piadas. Elas eram em francês, então não entendia nada, mas eu esperava até que ele chegasse ao que seria obviamente a parte engraçada e ria com ele, e depois eu voltava para a comida. Clientes ingleses iam ao restaurante, e ele sempre os levava à cozinha para me conhecer, o chef "inglesinho", porque ele sabia como eu sentia saudade de casa e como me sentia sozinho e isolado. Ele conseguia ver além da minha arrogância, da minha agressividade; ele sabia como eu dava duro. Me sentia como um órfão lá, e ele acabou virando uma figura paterna. As pessoas às vezes dizem que, em programas como o *Kitchen Nightmares*, sempre dou força ao mais novo da cozinha, ao faxineiro ou ao lavador de pratos, ao arrogantezinho que ninguém nota nem dá a mínima. Se quiser saber por que, Paris é o motivo. Sei como é se sentir excluído, despercebido e mal-amado.

Depois, fiquei sabendo que, na Inglaterra, Albert havia me inscrito na competição de Chef Nacional do Ano, e que eu havia chegado à semifinal. Eu implorei por uma folga ao chef.

— Que porra é essa? — Disse ele. — Você não é chef.

— Tudo bem, mas estou treinando para me tornar um, e quero muito ganhar a competição.

Então, escolhi alguns dos pratos de Guy, fui para Londres e venci na semifinal. Ele adorou o fato de eu ter cozinhado seus pratos e tinha certeza de que eu venceria a competição. Todos os outros competidores na final tinham posições bem melhores que a minha. Todos tinham o título "executivo", mas sob meu nome dizia apenas: Gordon Ramsay, assistente. Tudo o que os demais participantes podiam ver era a humilde palavra "assistente"; o fato de eu trabalhar para Guy Savoy não queria dizer nada para eles. Mesmo assim, logo perderam o sorriso do rosto porque eu tirei três dias de folga e ganhei essa merda. Fiz um risoto maravilhoso, um ravióli de lagosta e o famoso crème brûlée com suco de maçã Granny Smith e, em troca, ganhei 2 mil libras, que me ajudaram a me manter em Paris por mais um pouco de tempo, e uma linda caixa de charuto Wedgwood. Eu agradeci aos organizadores, mas disse que não fumava. Então, eles mudaram o revestimento, transformando a caixa em um porta-joias. Minha mãe guarda suas coisinhas nele até hoje.

Voltei para Paris e mostrei o cardápio, as fotos e o cheque ao chef, e ele ficou muito satisfeito — o único entre todos.

Algum tempo depois, quando eu estava há mais ou menos um ano na cozinha, disse a ele que queria seguir em frente, experimentar outra cozinha. Foi quando ele me ofereceu um emprego como seu braço direito. Fiquei emocionado, mas não aceitei. Eu sabia que, como braço direito de Guy, eu não aprenderia nada; eu teria de mostrar aos outros o que fazer. Não era isso que eu queria, não estava pronto para desistir de aprender tão cedo. E além disso, eu já fora um braço direito — do Marco e no Le Gavroche. Eu não faria esse trabalho pela terceira vez. Então, fui para o grande Joël Robuchon, onde — adivinhe? — eu tive de começar tudo de novo mais uma vez. Sim, acredite ou não, voltei direto a ser um simples assistente. De novo. E dessa vez o nível de humilhação foi completamente diferente.

Robuchon era o restaurante mais famoso do mundo naquela época. Havia apenas 45 lugares, e era o mais esnobe possível — me refiro à maneira como tratavam a gente, e não os clientes. Quando chegávamos ao restaurante, tínhamos de tocar uma campainha e esperar algum dos garçons abrir a porta. Tínhamos a chave, mas não podíamos usá-la. O próprio Robuchon tinha um banheiro que só ele e a esposa podiam usar. A cozinha ficava em uma espécie de corredor. Uma vez que você estivesse instalado lá, era impossível se mexer nas cinco horas seguintes. Era como a porra da Força de Operações Especiais. Robuchon fazia com que Marco parecesse um gatinho, era impressionante.

Ele foi o primeiro chef mais ou menos parecido com Marco em termos de temperamento na cozinha, mas ele era mais velho e muito mais famoso e bem-sucedido que Marco, e eu não entendia POR QUÊ. Quando comecei a trabalhar com ele, Robuchon tinha 49 anos. Duas semanas depois, ele anunciou que se aposentaria no ano seguinte e, em 24 horas, não havia mais reservas no restaurante para um ano todo (hoje, é claro, ele não está mais aposentado e, como eu, é dono de um império internacional de restaurantes, com filiais em Las Vegas e no Japão). Essa notícia mostrou como eu tinha sorte de estar ali. O lugar estava lotado, e eu estava empregado. Trabalhei dez meses nesse restaurante.

Era muito mais difícil evoluir como profissional no Robuchon. Na verdade, era impossível. A hierarquia era inacreditável. Havia um sous chef para cada seção, além do braço direito de Robuchon, Bernard Michel — ele ainda está lá porque comprou o restaurante de Robuchon, mas só tem duas estrelas, e Robuchon tinha três. Todo ano, sem falta, mando um cartão dando os parabéns por ele conseguir manter suas duas estrelas. Todo ano. "Desejo toda a sorte", escrevo, "para você conseguir manter suas duas estrelas." Depois, imagino a cara dele ficando roxa de inveja porque tenho três.

Era interessante trabalhar no Robuchon porque a culinária era muito clássica, mas eles também serviam coisas como um filé de merlúcio passado em migalhas de pão e frito em óleo, servido com metade de um limão, algo que se esperaria de um lugar como o The Ivy*. Serviam também uma salada de camarão com maionese, com bolinhas de ketchup alinhadas em volta do prato. Nunca entendi esse prato. Mas ao lado dele havia uma perca do mar assada com molho de tomate caramelizado.

---

* Restaurante londrino famoso entre as celebridades. (*N. da T.*)

O gosto era maravilhoso — não que eu tivesse muita oportunidade de comer alguma coisa. Não tínhamos tempo para comer. Era como se eu estivesse no Harvey's de novo, onde havia tanta coisa a fazer, onde a merda era tão grande que não se podia parar nem por um segundo. O chão estava sempre molhado, e os faxineiros eram os reis da cocada preta. A chapa elétrica do Robuchon ficava na altura dos olhos, então, quando colocávamos a comida lá, ele estava sempre de olho. Normalmente, o chef olha para baixo quando coloca a comida em uma chapa elétrica, mas não naquele restaurante. Era estranhamente assustador. Eu me sentia inspecionado, nu, como se não houvesse onde me esconder.

E, vejam só, eu estava na seção de peixes de novo, lutando contra os lagostins. Que *déjà vu*! Eu estava lá há três meses quando um cara entrou. Ele piscou para mim, e eu pisquei de volta pra ele. E não era ninguém menos que Michael Caines, que agora é chef principal do Gidleigh Park em Devon, onde tem duas estrelas do Michelin, apesar do fato de ter perdido um braço em um acidente de carro em 1994. Ele acabara de trabalhar em Saulieu para Bernard Louiseau, um chef conhecido na Inglaterra atualmente porque cometeu suicídio em 2003, algo que algumas pessoas relacionaram ao fato de ele ter acabado de perder dois pontos no guia Gault Millau. Lá estávamos nós, os dois *rosbifs*, ele na carne, eu no peixe, cercados por todos aqueles *frogs**. Era a cozinha mais rígida de todo o mundo, mas estávamos felizes em estar lá. O objetivo era ficar um ano naquele lugar. Aprendi muito, mas talvez não tanto quanto aprendi com Guy Savoy. Ele era guloso, queria ter três estrelas. Robuchon

* Assim como os franceses chamam os ingleses de *rosbifs*, os ingleses chamam os franceses de *frogs* (rã em português), pelo fato de apreciarem a carne desse anfíbio. *(N. da T.)*

era fantástico em relação à comida clássica, mas não havia muito glamour. Ele não gostava de mudança, e sim de herança.

Os chefs franceses com frequência pegavam no meu pé porque eu era devagar, mas eu preferia ser mais lento e fazer tudo certo. No entanto, eles enchiam o meu saco de qualquer jeito. Depois de mais ou menos três meses lá, houve um incidente terrível com um prato de ravióli. O ravióli em questão estava mais para um gyoza: era feito sem gema de ovo. Eles eram recheados de camarão Dublin Bay enrolado com trufas, cinco deles no prato, um pouco de repolho no meio e um molho de foie gras levíssimo. O pedido de ravióli chegou e, pela primeira vez na minha vida, as pessoas sempre pediam "ao ponto", "de médio para malpassado" e "bem passado". Acho que não queriam que o ravióli fosse muito transparente. Isso me deixou completamente maluco. Uma mesa pediu três porções do ravióli, cada uma feita de uma maneira diferente.

"*Allez, allez*", disse Bernard. "Cozinhe, cozinhe." E, então, o filho da puta colocou todos os 15 raviólis na água ao mesmo tempo. Na verdade, cada porção tinha de ser colocada com dois minutos de diferença entre elas.

— Veja só — disse eu — há três porções diferentes...

Mas ele já estava gritando comigo antes que eu pudesse terminar a frase.

— *ALLEZ!* Faça o que eu mandei.

Eu tive de tirar um de cada vez da água. Sabia que não ia dar certo.

Eu levei o ravióli para a chapa elétrica, mas ela estava quente demais, o que fez com que o molho perdesse o ligamento, borbulhasse e solidificasse. Robuchon podia ver o que estava acontecendo. Ele tocou em um dos raviólis e disse:

— Qual deles é este?

— O primeiro é o malpassado — disse eu. Mas é claro que não estava. Tudo estava ao contrário. Se aquele não era o malpassado, onde caralhos ESTAVA o malpassado? Onde quer que estivesse, não ia mais estar malpassado quando finalmente chegasse a ele.

Robuchon pegou o prato e atirou em mim. Ele acertou a lateral do meu rosto. Meu ouvido estava cheio de comida, meu rosto estava queimado e havia ravióli para tudo quanto é lado. Pedi desculpa e comecei de novo.

Eu não podia ir reclamar com Bernard porque o trabalho dele era acabar conosco na seção em que estivéssemos, castigando-nos até que desistíssemos de trabalhar no dia seguinte. Ele era famoso por demitir de quatro a seis chefs por semana, mas ele não parecia perceber que eu vinha da cozinha do Guy Savoy. Eu não havia mandado meu currículo e batido na porta. Guy havia ligado para Robuchon, mas é claro que Robuchon não diria que eu era do Guy Savoy e que deviam tomar conta de mim. Robuchon ficou na minha cola desde o primeiro dia, mas ele não conseguiu me QUEBRAR — isso é o mais importante. Faz diferença, acredite ou não.

Na verdade, os esporros não eram nada. Certa noite, oito investidores japoneses apareceram: dois pediram pato, dois pediram um prato de carne e os outros quatro pediram peixe. Nunca vou esquecer. O pato era assado *en croûte*. Ou seja, quando ele saísse do forno, tínhamos mais dois minutos para que todos os outros pratos estivessem prontos. O timing era essencial. Um dos peixes que precisei cozinhar era o merlúcio. Tive de esperar até que toda a farinha de rosca estivesse da mesma cor, depois precisei passar manteiga nela — Deus, era o prato mais apavorante que eu havia visto em um restaurante de três estrelas —, e eu também estava cozinhando peixe galo e perca do mar, dois minutos, cronometrando tudo pelo relógio na fornalha.

Quando faltam trinta segundos para acabar o tempo, acredite, quando se está na merda, ninguém ajuda: é preciso se virar sozinho. De repente, Bernard fez merda. Houve algum problema com a massa, e ele ficou tão furioso com isso que bateu a porta do forno com força, quebrando o vidro, aquele idiota. Tudo piorou dali em diante. Um minuto depois, ouvi gritos e vi uma panela de cobre gigante voando na nossa direção — a panela onde o pato deveria estar. O que aconteceu foi que os chefs da seção de carnes haviam entrado em pânico e esqueceram de colocar o pato DENTRO dela. Alguém havia levantado a tampa e descoberto esse fato e, bem, eu nunca ouvira um grito como aquele. Consigo ouvi-lo até hoje. Foi um caos. O cara teve de começar tudo de novo do zero. Foi uma noite horrível, e juro por Deus que, caso houvesse uma porta dos fundos, acho que teria fugido dali.

Eu tinha 25 anos, mas estava aturando essa merda como um garoto de 15. Michael e eu esperávamos o carrinho de sobremesa voltar para a cozinha e pegávamos tudo o que conseguíamos comer. Michael era bom: ele sempre pegava uma torta de chocolate ou um crumble maravilhoso para mim. A gente passava muita fome. Eu estava um varapau. O restaurante fechava nos fins de semana, mas nosso horário de trabalho começava às 6h da manhã durante a semana e só chegávamos em casa depois de 1h da manhã. Às sextas à noite, íamos para uma *brasserie* antiga e linda no Trocadero e ficávamos olhando para as luzes da Torre Eiffel até as 4h da manhã, conversando sobre quem se fodeu mais durante a semana e quem estava prestes a ser demitido. Éramos como fantasmas. Havia oito de nós — um alemão que parecia que ia morrer a qualquer momento, um americano abatido e branco como um viciado, três ou quatro franceses e nós dois. No fim da noite, todos colocavam a mão em cima da mesa com a chave da cozinha na palma, representando o fato de estarmos ou não na cozinha na semana seguinte. Geralmente, pelo menos a mão de três pessoas estava vazia. A chave já tinha ficado no restaurante — porque Bernard era obcecado por tê-las de volta. Era tudo o que importava. Ele com certeza não estava nem aí para onde a pessoa ia.

Robuchon era uma pessoa muito desagradável para se ter como chefe. Para o público francês, ele se portava como um homem tranquilo e sofisticado, um homem importante. Mas, na cozinha, ele era um tirano. Se ele jogasse um prato em nós, não precisávamos esperar um pedido de desculpa. No dia seguinte, ele não nos daria nem "bom dia". Depois que sabíamos que não trabalharíamos mais lá, a única ambição era um desejo de urinar no banheiro particular de Bernard. Aposto que todos os chefs que foram embora fizeram questão de realizar esse feito. Sei que eu fiz. No fim do meu tempo lá, eles não me pagaram o último mês, não sei por quê. Acho que foi para me fazer ficar um pouco mais. Na minha última semana, o filho da puta me colocou para cuidar do lixo. Eu tinha de literalmente entrar nas lixeiras em uma manhã de sábado e jogar água com a mangueira durante umas três horas. Era um péssimo trabalho.

— Mas amanhã é meu último dia — disse eu ao chef.

— Olha, você virá amanhã de manhã limpar as lixeiras, senão nunca mais vai trabalhar em um restaurante com estrela do Michelin. Vou ligar para todos os chefs da França e garantir que você seja banido.

Naquela noite, eu soube que não ia receber meu dinheiro. Eu sabia que havia trabalhado o mês inteiro por nada.

Talvez você esteja imaginando como é a minha relação com Robuchon agora. Bem, eu diria que é estranha e muito ligada à fama. Afinal, hoje somos adversários no palco internacional; nós dois somos donos dos melhores restaurantes do mundo. Nossos caminhos se cruzam com frequência. Robuchon estava interessado em abrir um restaurante no Marriott de Grosvenor Square (ele não conseguiu; nosso aclamado restaurante Maze se encontra nesse hotel; Jason Antherton, que trabalhava no nosso restaurante em Dubai, Verre, é o chefe) e apareceu um dia no Claridge's com seu sócio para uma reunião quando eu estava supervisionando o serviço, e nós nos encontramos. De repente, ele estava me abraçando. "É tão bom ver você", disse ele. "Estou muito feliz por você estar indo bem." Eu mal podia acreditar no que ouvi. Esse filho da puta não fazia ideia de quem eu era. Ele não era próximo de seus cozinheiros — nós éramos apenas empregados. É quase engraçado, se você parar para pensar. Pensei: você não quer dizer nada do que está falando. Quero dizer, ele estava me beijando e me abraçando como se eu fosse seu filho desaparecido.

Depois que trabalhei no Robuchon, eu sabia que não estava prestando — pelo menos não por um tempo. Eu estava fisicamente esgotado. Eu não tinha mais nada a oferecer. Precisava de umas férias. Mas é mais fácil falar do que fazer. Eu não tinha dinheiro para ficar sem trabalhar, minhas dívidas eram imensas. Eu precisava de um golpe de sorte — uma maneira de ganhar dinheiro e me recuperar ao mesmo tempo. Essa sorte veio com um homem chamado Pierre, um corretor de fretamento, que apareceu na hora certa. Ele salvou minha vida naquele momento e pouco tempo depois eu seguia rumo à outra aventura — e, dessa vez, acredite ou não, o dinheiro era bom e as horas eram humanas.

CAPÍTULO 5

ENTRE OCEANOS DE DISTÂNCIA

Um cara entrou no restaurante, e ele tinha uma espécie de agência perto de Nice especializada em contratar chefs para trabalhar em iates de milionários. Ele deixou bem claro que esses chefs ganhavam muito dinheiro. Ele não estava exatamente me oferecendo de cara um trabalho, mas confessou que estavam precisando desesperadamente de chefs conceituados; a maioria das pessoas que se sentia atraída por esse tipo de trabalho eram homens que estavam fugindo de alguma coisa. Então, alguns dias depois, mandei meu currículo e, em 24 horas, eles entraram em contato dizendo que tinham um trabalho para mim em um iate fretado. O capitão era famoso por gostar de beber, mas havia muitas gorjetas. A ideia do que seria um trabalho nas férias — sol, mar e areia — parecia ser exatamente o que o médico receitara.

Então, segui o meu caminho. Meu barco, se me lembro bem, era chamado *Blue Crystal*, e o capitão era um completo babaca. Mas havia outro barco ancorado ao lado dele, o *Idlewild*. Uma noite, conversei com um dos marinheiros desse barco e ele me disse que também estavam precisando de um chef — o que havia sido contratado teve uma espécie de crise na família e desapareceu.

— Nosso capitão se chama Ginger Steve — disse ele.

Jesus, pensei.

Encontrei Ginger Steve dois dias depois e lhe entreguei meus documentos. Ele me perguntou se eu tinha certeza absoluta de que queria aquilo — trabalhar no *Idlewild*. "Quero, quero, com certeza", disse eu. "Nunca trabalhei em um barco antes, mas quero tentar economizar um dinheiro para abrir meu próprio restaurante em Londres." Ele disse que trabalhava para um casal famoso, mas que não podia me dizer quem eles eram. Em outras palavras: não era apenas um barco fretado, e sim um iate particular, o que significava que os donos, quem quer fossem, tinham de ser muito ricos. Eu avisei ao capitão do *Blue Crystal* que estava indo embora.

Não preciso dizer que ele não ficou muito feliz. Ele havia fretado muitos barcos. Começamos a discutir, e ele tentou me dar um tapa — nesse momento, eu literalmente pulei do barco. No dia seguinte, *Idlewild* estava a caminho das Ilhas Balearas para consertar o casco; meu *timing* não podia ter sido melhor. Então, quarenta horas depois, eu estava velejando rumo ao pôr do sol em um lindo iate. Era maravilhoso. A cozinha não era como uma cozinha de navio, e sim do tamanho da minha em Londres, o que significa que era gigantesca para um barco. Era toda cercada de janelas e feita de aço inoxidável polido. Para fazer as compras, usávamos um pequeno tênder. Havia 22 membros na tripulação, e nosso salário era sensacional, pelo menos para nós. Eu recebia algo em torno de 4 mil libras por mês, o que é uma fortuna, principalmente considerando que eu não tinha mais gastos. Eu saía para dar uma corrida de manhã, voltava e tirava o short e a camisa. A minha roupa estaria passada e dobrada em cima da cama às 13h daquela mesma tarde. Eu não precisava nem cozinhar para a tripulação; essa função era do meu assistente. O estilo de vida era surreal.

Acabou que os donos do iate eram Reg Grundy e sua esposa, Joy Chambers. Reg é uma das pessoas mais influentes da mídia na Austrália, o fundador da Grundy Organisation, a empresa responsável por programas como *Young Doctors*, *Sons and Daughters* e, o mais famoso de todos, *Neighbours*. Joy é escritora e atriz (ela fez o papel de Rosemary Daniels em *Neighbours*). Eles eram encantadores — os empregadores perfeitos e, assim como Ginger Steve, que tinha um carinho muito grande por eles, eu os adorava. Ainda mantenho contato com eles. Eles foram à inauguração do Aubergine e ao meu casamento, e mandam presentes para os meus filhos. Eles moravam em Bermuda, mas estavam sempre de mudança. Passavam cerca de três meses do ano a bordo do iate. O orçamento anual do iate devia ser de mais de sete números, independentemente ao itinerário — isso era só a manutenção.

Os Grundy não estavam presentes nos sessenta primeiros dias — eles não faziam viagens longas no iate, chegavam de avião. Ao todo passei nove meses no barco. A vida era ótima e sedutora, mas nove meses é o máximo que se pode viver assim sem que o sonho se estrague. Você começa a criar ressentimento pelos donos. Você vive a vida boa, age como se fosse um milionário, até que eles aparecem e você fica pensando, de maneira completamente injustificável, é claro: ah, que merda, vamos ter de começar a trabalhar agora, é isso? Era fácil se sentir mimado — fácil demais. Lembro quando ia fazer as compras e a tripulação pedia cereais diferentes — Sucrilhos, Coco Pops ou sei lá o quê. No fim, eu disse que eles podiam comer Cornflakes e só. Eles estavam ficando frouxos demais.

Depois da temporada de verão na Europa, o iate voltava para o Mediterrâneo. Durante esse período, eu havia economizado mais ou menos 15 mil libras, o que parecia ser uma fortuna para mim, e eu corria todo dia, então estava em forma de novo. Eu estava física e mentalmente forte e me sentia ótimo. Havia ido a Sardinha, Sicília e Córsega. Passei por Saint-Tropez umas vinte vezes e umas cinquenta por Mônaco (onde era a base do iate). Eu estava começando a entender os trâmites da navegação à noite. Estava obcecado com mergulho e esqui aquático, o qual fazíamos no escuro, iluminando o caminho com os faróis de busca do iate. Mas eu sabia que ia acabar; o mundo real não era assim. Eu não queria perder a realidade de vista. Por mais que estivesse me divertindo muito, eu estava morrendo de vontade de voltar para Londres e abrir meu restaurante.

Então, me pediram para viajar com o iate para o Caribe. A ideia era que eu atravessasse o Oceano Atlântico no iate, e os Grundy pagariam a minha passagem de avião de volta de Antígua para a Europa. Fiquei tentado. A ideia era atraente; quando eu teria outra oportunidade de fazer algo assim novamente? Ginger Steve nunca havia cruzado o Atlântico antes, por isso eles teriam de contratar outro capitão também por questões de segurança. Mas Joey, o engenheiro chefe australiano, era qualificado. Ele já cruzara o Atlântico dez vezes, além de ser um cara calmo — calmo até demais. Eu concordei. Seria o meu último trabalho no *Idlewild*, mas eu faria.

Fomos para Cannes no dia 1º de outubro, e de lá fomos para Ibiza, depois para Gibraltar, onde abastecemos o iate. Em seguida, passamos os 11 dias seguintes no Atlântico. Fiquei bem nervoso, principalmente quando vi os sacos para cadáver e quando soube que um médico viajaria com a gente. Foi nesse momento que percebi que não há nada que se possa fazer quando se está no mar — ataque cardíaco, apendicite. Até mesmo com um médico a bordo, não deixa de ser uma jornada e tanto. Os sacos para cadáver realmente me deixaram assustado. Viajávamos a nove milhas por hora. As ondas no meio do oceano não são simples ondas, são cilindros gigantescos que nos arrastam. Depois de três dias, a força do vento chegou a dez milhas por hora. Eu passei muito mal, sobretudo porque o iate tinha de ser equipado para resistir às tempestades, e isso só parecia fazer com que todos nós nos sentíssemos pior. Eu estava praticamente andando com um balde pendurado no pescoço. Tive uma queimadura muito séria na nuca porque eu estava sempre debruçado na borda, vomitando. Eu me sentia muito sozinho. Víamos baleias, mas os únicos barcos estavam no radar, a 50km de distância. Não passava nenhum avião. Era como "A Balada do Velho Marinheiro" — água, água para todos os lados.

Depois, algo muito bizarro aconteceu. Ginger Steve costumava beber muito, e ele era um homem pequeno. Estávamos a dois dias de distância de Antígua quando ele resolveu dar uma festa, que se realizaria no convés de cima, onde havia um pedaço de grama de 1,50m colocado especialmente para a cadela dos Grundy, Calpernia. Como vivem os outros, não é mesmo? A ideia era fingir que estávamos na terra.

As coisas já estavam bem tensas. Havia mais ou menos dez pessoas a bordo, o que já é difícil: é quase como estar na casa do *Big Brother* ou algo do tipo. Todo mundo começa se dando bem, mas isso logo muda para outra coisa — irritação, até mesmo ódio. Descobre-se muito sobre um homem quando se está preso no mar sem nada para fazer e sem ter para onde ir. Revezávamos a vigília — de quatro em quatro horas, e isso era difícil também.

Então, a festa começou animada. Ele fez um balde enorme de ponche, e todo mundo estava bebendo; fazia calor, e todos nós estávamos nos bronzeando. A música estrondava de um imenso par de alto-falantes: Bob Marley. Foi quando comecei a me sentir um pouco culpado. Pensei: não devíamos estar fazendo isso. Os donos ficariam horrorizados se soubessem. Eles sempre foram tão legais com a gente, pagaram a nossa viagem, nos permitindo comer bem quando trabalhávamos muito. Fiquei constrangido. Depois, percebi que Ginger Steve, após ter discutido com o copiloto sobre a exata distância que estávamos da terra (ele achou que era um dia; o copiloto, que tinha noção, disse que eram três), enfiara a cabeça no balde de ponche. Ele estava completamente bêbado e queria que todos ficassem também. Achou que seria divertido, mas eu não estava nem um pouco a fim.

Quinze minutos depois, eu estava no proa do iate, e Ginger Steve ficou muito agressivo. Comentei que ele protegia nosso empregador. Bem, agora ele tinha inventado que eu deveria parar de falar com os Grundy; que deveria parar de ir à sala de jantar depois de servi-los para conhecer os convidados e falar sobre a minha carreira. Depois, ele me socou, e eu o empurrei.

— Você está falando merda — disse eu. — Seu bêbado.

Mas, quando o empurrei, ele me socou de novo, dessa vez no rosto. Depois disso, surtei. Dei um soco nele também. Infelizmente, ele acabou desmaiando. Mas, quando acordou, pouco tempo depois, não havia nenhum sinal de que tinha recuperado a razão: ele ficou mais violento que nunca. Isso gerou uma rebelião no *Idlewild*. Todo mundo teve de conter Steve e trancá-lo em sua cabine.

Quando chegamos à Antígua, o olho dele ainda estava amarelado. Olhei para ele e decidi que ligaria para os Grundy para dizer que não passaria o Natal no iate. O problema era que era muito sedutor — o Caribe. Eles só chegariam no dia 23 de dezembro, o que significava que teria bastante tempo para conseguir meu diploma avançado de mergulho (eu havia aprendido toda a teoria enquanto estávamos no mar). Além do mais, mesmo quando eu estava arrumando as malas, o capitão me implorava para ficar. Ele não queria passar a vergonha de dizer aos Grundy que eu estava indo embora. No fim das contas, acabei me acalmando — e, meu Deus, como era bonito: Saint

Barth e São Cristóvão; nos divertimos muito. Depois do Natal, o iate iria para Fort Lauderdale, para outro reparo no casco, e os Grundy iriam embora de avião. Pensei comigo: isso TEM de acabar. Não posso ficar duas temporadas, vou enlouquecer. Estou perdendo o jeito. Tenho muita energia e muitas ideias, e estou morrendo de vontade de testá-las com um público maior.

O que aconteceu depois, porém, foi uma completa farsa. Já era fevereiro nessa época, e nós estávamos nas Ilhas Virgens. Ginger Steve recebeu uma ligação avisando que seu pai estava doente e precisou voltar para a Austrália. Então, o copiloto ficou no comando, e ele era meio esquisito. Tinha uma obsessão com a ronda de vigília, garantindo que a pessoa que estivesse de plantão erguesse a bandeira às 8h da manhã. Ele aparecia em frente a sua cabine de manhã gritando: "Falta só um minuto!" E ele tinha uma cisma comigo. Eu era chef — não estava nem aí para a bandeira idiota dele; ela não significava nada para mim. A gente simplesmente não se dava bem. O problema era que, naquele momento, ele não sabia tudo que deveria saber. Ginger Steve era um controlador indisciplinado, que nunca ensinou a ninguém o que fazer no iate caso alguém precisasse assumi-lo. O iate tinha de ser deslocado uns 88 metros, e o copiloto estava no comando, algo que nunca havia acontecido. Ele içou a âncora. Estávamos a caminho da terra porque havia uma grande tempestade, mas os tênderes ainda estavam no mar. Os Grundy estavam jogando cartas no convés, e eu estava pescando na proa, atividade que eles encorajavam quando estávamos de folga. De repente, ouvi um barulho muito alto. O copiloto virou o iate em cima de um dos tênderes. Corri para a lateral do barco, e lá estava ele, afundando rapidamente. Sem pensar, pulei na água e peguei uma das cordas para tentar salvá-lo. Grundy ficou muito irritado, completamente indignado. Ele achou que tinha sido perigoso demais.

"Sua vida é muito mais importante que uma merda de barquinho", disse ele. "Você é burro? Deixe o barco afundar." Coitado do Reg. Lá estava ele, em seu escritório, pensando: meu capitão foi embora, meu copiloto não sabe pilotar o barco, meus convidados vão passar o fim de semana aqui — que vergonha! De repente, senti muita, muita pena dele. O fato de não termos contado tudo o que havia acontecido enquanto cruzávamos o Atlântico começou a me incomodar ainda mais. Tive uma vontade súbita de contar a verdade. Me sentia muito mal pelas pessoas estarem se aproveitando da generosidade dele. Então, resolvi confessar. Não falei apenas da minirrebelião, mas também sobre o fato de Steve estar recebendo suborno — uma moto Harley, por sinal — da empresa em Fort Lauderdale que iria instalar um sistema sensacional de satélite de TV no iate. Sério, ele deveria ter pedido um desconto e passar isso adiante para o sr. Grundy. Mas não o fez. E sem querer vi uma carta no fax do iate em que alguém agradecia Steve pelo negócio que havia proporcionado, confirmando o acordo que haviam combinado. Ele estava enrolado até o pescoço.

O sr. Grundy fez uma grande reunião. Todas as meninas a bordo estavam chorando porque achavam que perderiam o emprego, e foi muito triste porque ele foi perguntando a cada um de nós o que havia acontecido. No fim, o sr. Grundy estava pasmamente boquiaberto: o iate de milhões de libras era dele, e tudo isso acontecera pelas suas costas. Mas por outro lado, me senti ótimo. Minha consciência estava limpa. Em Fort Lauderdale, poderia me despedir de todos sabendo que tudo começaria do zero. Ginger Steve foi demitido.

Infelizmente, uma semana depois de perder o emprego, Steve foi dar uma volta com sua Harley depois de ter bebido e bateu direto em um caminhão. Não sei se foi suicídio ou acidente. Me senti mal pelo Reg quando soube dessa terrível notícia, mas não me senti culpado, mesmo tendo sido eu o responsável por delatá-lo. Não consigo me sentir culpado. Provavelmente faria tudo de novo, pelo menos é o que acho.

Cozinhar para os Grundy me ajudou a desenvolver ainda mais meu senso de estilo, por mais estranho que isso pareça. Eles adoravam comer — amavam comida refinada —, mas também se preocupavam com a saúde. Joy encorajava Reg a seguir uma dieta com pouca gordura; ela era bem rígida com isso, algo que achei muito afetuoso. Portanto o café da manhã eram frutas cozidas e o jantar era muito leve, sem leite, sem manteiga, mesmo que houvessem convidados importantes à mesa. Para mim, era fantástico. Eu estava sendo muito bem pago para evoluir no meu próprio estilo culinário. Dá para ver traços do meu tempo no *Idlewild* na maneira como cozinho agora, sem dúvida. Houve uma noite em que Joy anunciou que estava cansada de comida refinada e queria algo básico e inglês. Ela teve a ideia de comer Shepherd's pie*. O conceito era brilhante, é claro, mas eu não tinha noção de como fazer. Felizmente, rádios de longo alcance faziam parte desse lindo iate e em dez minutos consegui localizar minha mãe em Bridgwater, e ela me deu a receita em cinco simples estágios. Joy, sem saber quem era a verdadeira criadora desse delicioso prato, anunciou que era exatamente o que ela queria e me deu os parabéns. Que equipe!

Eu tinha muito respeito por Reg. A gente se dava extremamente bem. Ele era completamente leal à equipe, alguns já trabalhavam há 35 anos para ele e, de certa maneira, ele me ensinou a importância de tomar conta das pessoas bem antes de eu abrir as portas do meu próprio restaurante. Mas aquela vida em

* "Shepherd's pie" é um prato típico inglês, uma espécie de cozido feito com carne de carneiro moída e batatas. *(N. da T.)*

tempo integral não era para mim. Dois terços das pessoas que vivem naquele mundo estão fugindo da vida real. Dependendo do tipo de homem que fosse, você tiraria seu uniforme e esperaria que seu empregador estivesse em terra firme para fingir que o iate era seu. Sempre havia umas trinta meninas no porto tentando entrar desesperadamente no iate, achando que havia algum jogador de futebol ou algum astro do rock a bordo. Era fácil demais fingir para essas garotas. Acho que alguns dos marinheiros começaram a acreditar nas suas fantasias no fim das contas — eles viveram aquela vida durante muito tempo. Alguns desses homens se convenceram de que eram os donos dos barcos nos quais trabalhavam. Mas eu não. Eu mantive meu restaurante imaginário — meu sonho — na minha cabeça o tempo todo. Nunca me deixei esquecer que, para mim, aquela era só mais uma etapa da jornada. E conseguia sentir que estava chegando mais perto a cada dia que se passava. Eu quase conseguia sentir o CHEIRO do meu restaurante. Ele estava à vista. Eu só precisava esticar os braços e agarrá-lo com as duas mãos.

CAPÍTULO 6

UM LUGAR SÓ MEU

Recebi uma ligação de Pierre Koffmann, chef e dono do La Tante Claire, em Chelsea, um restaurante com três estrelas do Michelin. Seu chef executivo acabara de se demitir, e ele queria saber se eu estava interessado no cargo. É claro que eu disse sim, apesar do fato de eu na verdade querer meu próprio restaurante. Naquele momento, o La Tante Claire era invejado por todos os chefs de Londres — inclusive por "meu velho amigo", Marco, que, ao saber que eu havia aceitado um emprego lá, ficou me atormentando com ligações, até que uma sexta-feira à noite, depois do trabalho, finalmente concordei em encontrar com ele. Ele disse que era urgente, mas, quando o assunto era Marco, podia ser qualquer coisa. Ele estava basicamente irritado porque, do ponto de vista dele, eu estava apenas facilitando a vida de Koffmann — facilitando até demais. Ele via Koffmann como um adversário, e eu apenas o respeitava como chef.

A estrela de Marco ainda estava em ascensão. Ele estava se dando muito bem no Harvey's, estava prestes a se mudar para um restaurante novo no Hyde Park Hotel. Em parceria com Michael Caine, ele estava envolvido no Canteen em Chelsea Harbour, onde havia contratado meu antigo colega de quarto Stephen Terry como chef. Por que concordei em encontrar com ele? Simples. Ele usou uma isca — a maior de todas:

— O que você acha de ter seu próprio restaurante? — perguntou.

— Você sabe que eu sempre quis ter meu próprio restaurante.

— Bem, me encontre hoje a noite às 22h para jantar.

Nós nos encontramos no Canteen e pegamos um táxi. Ele não disse aonde estávamos indo, mas fomos parar em Park Walk. Nunca tinha ouvido falar dessa porra de lugar. Então, entramos em um restaurante. Era todo de aço galvanizado e pintado de preto, e se chamava Rossmore. Quando sentamos, Marco disse:

— Tudo isto pode ser seu.

— Que porra é essa que você está falando? — perguntei.

— O chef é um babaca — disse ele.

Fiquei confuso. Eu já ouvira falar no Rossmore. Havia aberto seis meses antes e ainda estava sendo analisado pelos jornais.

— Tudo bem, mas você não pode me dar um restaurante. Não é seu.

— Não, mas meu outro sócio no Canteen é o dono. Ele está perdendo dez mil libras por semana.

Um garçom apareceu para receber o nosso pedido. Fiquei hesitante. Como ficaríamos para jantar se Marco estava prestes a descascar o chef como uma laranja? Mas ele não tinha esses escrúpulos. "Vamos, vamos", disse ele, "foda-se. Vamos comer." E, então, pediu uma porção de cada item do cardápio.

Eu estava no La Tante Claire há três meses. Koffmann me pagava bem, o que era ótimo, mas também estava sendo complicado trabalhar para ele, pois minha comida agora era tão boa quanto a dele. Ele nunca queria colocar os meus pratos do dia no cardápio. Ele queria servir a tainha, e eu, o salmonete, ou então meu molho para o tetraz não era tão forte quanto o dele, portanto estávamos sempre discutindo. De certa maneira, a ideia de sair dali era muito atraente.

Na semana seguinte, Marco disse que me daria 25% do restaurante, depois ia fechá-lo e reabri-lo uma semana depois. Fiquei pasmo. Eu precisava dar pelo menos um mês de aviso prévio a Koffmann. Mas Marco era inflexível: era agora ou nunca. Jesus, pensei. O que vou fazer? Eu só tinha 26 anos, mas acabei me decidindo rápido. Fui até o Midland Bank, peguei um empréstimo de dez mil libras e investi no que se tornou o Aubergine. Marco não tinha nenhum envolvimento financeiro no negócio, ele apenas havia esquematizado tudo por motivos pessoais. Era uma situação assustadora. Para ser mais específico, nunca vi documentos que comprovassem a minha parte. Só fui avisado de que existiam, e isso deveria ser o suficiente.

Comecei com um salário de 22 mil libras e tinha de abrir o restaurante na semana seguinte.

— Caralho — eu disse a Marco. — Como vou abrir no dia 1º de outubro se não tenho funcionários nem um cardápio?

— Não se preocupe, não se preocupe — disse ele. — Vamos fazer uma coisa de cada vez. Vamos abrir como um bistrô primeiro, e vamos fazer as sobremesas no Canteen.

Foi um caos.

Eu avisei a Koffmann que ia me demitir. Ele ficou, obviamente, muito irritado — principalmente quando percebeu que eu trabalharia em Chelsea. Chefs são como cachorros: não gostam de ter adversários em seus territórios. Então, ele me mandou embora no ato. A situação era preocupante. Tudo parecia estar acontecendo rápido demais.

Você deve estar imaginando porque não fui mais cauteloso. Eu estava muito animado com o fato de ter o meu próprio lugar. Nunca parei para pensar quem eram os donos nem o que estavam fazendo. Muitos italianos entraram no negócio, mas nunca questionei o envolvimento deles. Só quero cozinhar, pensei. Fiquei mais tranquilo também com o fato de Marco, teoricamente, não ter nenhuma parte no acordo.

Tudo era muito precário. Naquela época, pintar paredes com um pedaço de pano ainda estava na moda. Lembro-me de misturar tinta amarela com um pouco da branca e eu mesmo passar na parede. Tínhamos um telefone no bar que precisava de uma moeda de 10 centavos para fazer uma ligação. E como o velho restaurante estava com dívidas imensas, tínhamos de aturar essas coisas. A maioria dos funcionários que herdei era portuguesa. Na primeira semana do restaurante, acho que demiti uns oito deles. Eles ficavam atrás do bar comendo baguetes. Se um cliente entrasse, eles colocavam o sanduíche em cima do bar e limpavam o rosto com a mão. Era inacreditável.

No entanto, eu tinha um ótimo braço direito — ou pelo menos foi o que aconteceu no fim das contas. Um dia antes de eu sair do La Tante Claire, Marcus Wareing apareceu. Marcus agora é uma das figuras importantes da Gordon Ramsay Holdings: ele é o chef do Savoy Grill, onde tem uma estrela do Michelin, e do Pétrus no The Berkeley, onde também tem uma estrela. Havíamos trabalhado juntos no Le Gavroche, e agora ele estava prestes a ir aos EUA para trabalhar para Albert — só faltava sair o visto norte-americano. Nesse meio tempo, ele ia trabalhar para Koffmann. Não lhe ofereci um emprego, apesar de ser o que eu queria fazer, porque não tinha dinheiro para pagá-lo. Eu estava preparado para ser uma banda de um homem só e trabalhei como um louco. Mas, de vez em quando, Marco aparecia com Steve Terry para me ajudar. Eu ficava nas seções de peixes e carnes, Marco, na dos molhos, e Steve ficava encarregado de fazer a guarnição. Era como antigamente, nós três trabalhando juntos na cozinha. Foi em uma dessas noites que Marcus ressurgiu. Ele só aparecera para dar um "oi". "Quem é esse cara?", perguntou Marco, então respondi.

— Por que caralhos você está no La Tante Claire? — perguntou a Marcus. — Aprenda com esse cara — (para a minha surpresa, ele estava se referindo a mim) —, ele acabou de voltar de Paris e está ficando mais badalado do que você imagina. Você deveria estar AQUI.

— É, bem, eu realmente quero um emprego — disse Marcus.

Minhas orelhas levantaram. Caralho, pensei. Ótimo. Marcus quer um emprego. Naquela época, eu já estava em uma posição melhor para poder pagá-lo.

— Vou dar um mês de aviso prévio a Koffmann — disse ele.

A resposta de Marco foi previsível:

— Ele que se foda. Se quiser o emprego, comece amanhã.

E, vejam só, foi exatamente o que aconteceu. Marcus chegou cedo ao La Tante Claire, pegou suas facas antes que Koffmann chegasse e estava no Aubergine às 7h30 na manhã seguinte. Então, havia três pessoas — eu, Marcus e um sous chef. E depois, é claro, todos os grandes chefs que ainda estão comigo passaram por aquela cozinha: Angela Hartnett, agora no Connaught; Mark Sargeant, chef de cuisine no Gordon Ramsay at Claridge's; e Mark Askew, chef executivo no Royal Hospital Road e da Gordon Ramsay Holdings. Eu não sabia na época, mas o Aubergine acabou sendo um ótimo campo de treinamento para os chefs na Grã-Bretanha.

Enquanto isso, minha vida pessoal estava ficando complicada. Os donos do Aubergine — os italianos misteriosos — tinham um apartamento em South Kensington, onde Ros e eu estávamos morando. Resolvemos tentar de novo. Na verdade, resolvemos ficar noivos, o que foi uma ideia burra pra caralho. "Vou voltar para o Reino Unido, quero algum tipo de compromisso seu", disse ela. "Não vou largar meu emprego em Paris e ficar sustentando você de novo se não for se comprometer comigo."

Ela deixou claro que eu ainda estava lhe devendo uma boa grana e que sua conta do cartão de crédito estava bem pesada. É justo, pensei. E, como um idiota, eu disse: "bom, vamos ficar noivos." Puta que pariu.

Nosso "noivado" durou longos seis meses. A pressão que eu sofria na época era impressionante. O trabalho estava uma loucura e havia uma data marcada para o casamento. Era muito claustrofóbico. Eu me matava de trabalhar durante a semana e, aos domingos, estava quase em estado de coma. Não queria levantar e fazer compras e essas coisas. Eu estava sendo egoísta? Estava, sim, porra. Era a minha única chance de subir na vida. As coisas chegaram ao limite quando tive um dia de merda no trabalho. Um dos cozinheiros não havia aparecido, e Ros havia pedido que a encontrasse às 16h na igreja em Chelsea para conversarmos com o vigário sobre a cerimônia. Bom, meu dia tinha sido um inferno. Olhei para o relógio. Faltavam cinco minutos para as 16h, mas eu não estava com pressa — afinal, a igreja ficava a 45 metros da porta do Aubergine. Mas ela não queria arriscar. Ouvi Jean-Claude, meu maître, me chamar e, quando me virei, lá estava ela. A caminhada para a igreja foi como a marcha da morte para mim. Quando chegamos, fiquei sentado parecendo uma porra de um zumbi enquanto o padre falava sobre a importância de frequentar a igreja, e como seria uma boa ideia se não tivéssemos filhos de cara para que pudéssemos aproveitar a nossa vida a dois. Apenas olhei para ele. Até que Ros perguntou: "você está bem?" Eu disse que sim, que só tivera um péssimo dia no trabalho, mas foi naquele momento que percebi que estava cometendo um grande erro.

Naquela noite, depois do trabalho, fui para casa determinado a terminar tudo logo. Eu disse que estava sob muita pressão, muito mais do que o normal, e que toda a ideia do casamento era ruim. Não importava o quanto eu devia a ela no cartão de crédito, a verdade era que eu estava achando impossível cozinhar no meu melhor nível e manter um relacionamento. Ela ficou completamente enfurecida.

Fiquei aliviado, mas não acabou naquela hora. Durante o processo para o nosso suposto casamento, comprei um cachorro da raça old english sheepdog chamado Ben para ela. A ideia era que ele lhe fizesse companhia, já que eu estava fora seis noites por semana. Então, quando Ros me expulsou de casa, e eu aluguei um apartamento em cima do dela, ela não apenas me fez pagar os dois aluguéis e as contas do cartão de crédito, como me obrigou a pagar pelos cuidados com cachorro, e eu tinha de sair para passear com ele todo dia. Em outras palavras, eu estava ficando cada vez mais na merda. Ela era uma mulher maravilhosa, e eu havia me apaixonado por ela quando nos conhecemos na época do Le Gavroche, mas havia uma diferença de idade entre a gente que se tornara complicada demais. Havia dias em que eu queria alopprar. Eu não queria ficar em casa tricotando e planejando uma família. Eu queria sair e fazer alguma coisa para espairecer. Ela era articulada, inteligente, muito educada, mas eu gostava muito mais de cozinhar do que de ficar com ela. No fim, ir para casa era uma opção mais estressante do que ficar na cozinha.

Ou talvez ela simplesmente não fosse a mulher certa para mim, porque, logo depois que nos separamos, conheci Tana, minha esposa e mãe dos nossos quatro filhos. Tana estava namorando um amigo meu, Tim Powell, que também trabalhara no La Tante Claire. Isso foi em 1993 ou 1994. Logo depois da inauguração do Aubergine, Tim e Tana apareceram para jantar com os pais dela, Chris e Greta Hutcheson (Chris agora é CEO da Gordon Ramsay Holdings, então acho justo dizer que devo mais a ele do que só a minha esposa). Deus, pensei, ali está o meu amigo com sua namorada linda, que eu conhecera rapidamente um ano antes quando ele me pegou no aeroporto. Naquela época, me lembro de dizer ao Tim: "Como alguém gordo e careca como você consegue uma garota tão maravilhosa?" Mas, seis meses depois, ele me ligara para dizer que estavam noivos. Que ótimo, pensei. E fiquei extremamente irritado.

Naquela noite, não pude falar muito com eles. Apenas me lembro de Tim agir com arrogância, se exibindo para o futuro sogro. Mas dei uma taça de champanhe para cada um e cozinhei com todo o meu coração. Eu quis testar uma teoria porque, naquela época, ele estava trabalhando para Terence Conran no Le Pont de la Tour, um restaurante mais famoso pelos cinzeiros do que pela comida. Sem querer faltar com o respeito, mas ninguém recorre ao porcaria do Terence Conran para comer bem. Pode-se recorrer a ele para beber um refrigerante, mas não para ter uma experiência culinária. Me lembro de ir jantar no Mezzo uma vez. Era como ir a uma fábrica da Ford. A comida ficava em uma linha de montagem e tinha gosto de industrializada. Eu queria provar para Tim que, enquanto ele estava cortando lagostins ao meio e passando na porra da maionese de capim-limão ou grelhando uma carne às pressas, eu estava dando tudo de mim com os melhores raviólis de lagosta e tornedores de bife.

Depois, Tana deu uma festa de Ano-Novo, para a qual eu fui convidado. E lá estava Tim, me dizendo como seu futuro sogro iria colocá-lo em um restaurante. Então, agora, eu estava ficando cada vez mais irritado. O restaurante em questão era o Midsummer House, em Cambridge, um dos melhores da Inglaterra, que tem duas estrelas do Michelin — apesar de isso não ter nada a ver com Tim.

Enquanto isso, eu estava enrolado com um monte de italianos que não conhecia bem. Enfim, estava eu lá na festa, e um cara me encurralou. Eu tinha acabado de chegar, e ele ficava falando de quanto eu era arrogante e que deveria aprender a não ser tão pretensioso. "Você pode saber cozinhar", disse ele. "Mas ainda precisa aprender um pouco sobre a vida." Esse homem era Chris Hutcheson de novo — o futuro sogro.

Ele estava me colocando contra a parede. Porém, de repente, houve uma briga. Parece que Tim tinha resolvido brigar com os irmãos de Tana. Essa notícia era ótima. Ha, ha, ha. Eu tinha esperanças de que aquele idiota estivesse muito na merda.

Mas não era nada disso.

Acho que foi três meses depois que fiquei sabendo que Chris mandara Tim para Nova York para trabalhar com Daniel Boulud. Não podia acreditar no que estava ouvindo: o filho da mãe estava conseguindo tudo o que eu queria, sério. Eu me enfurnei no trabalho. Além do Aubergine, comecei a fazer um trabalho de desenvolvimento com a Marks & Spencer — um pouco de consultoria nos bastidores. Eu precisava de dinheiro. O aluguel da Ros era de 1.200 libras por mês e meu estudiozinho de merda custava mais 800 libras. O único alívio que tinha de todas essas preocupações era a minha moto Yamaha. Era a minha máquina. Nos sábados à noite, eu ia até o Bar Italia no Soho para encontrar meus amigos, e todos nós pegávamos a via-expressa M4, onde fazíamos um desafio de sentar no tanque da moto e ver quem conseguia mantê-la a pleno vapor de ponte a ponte. Quem desistisse tinha de pagar todos os expressos e capuccinos no Bar Italia. Brincávamos disso até umas 5h da manhã, quando as ruas estavam completamente vazias e o sol estava nascendo, cada um em uma pista. Nunca perdi. Eu não desacelerava — aquela adrenalina de se segurar no tanque da moto, sentindo a vibração dessa merda entre as coxas, imaginando que a qualquer minuto uma lata de Coca-Cola ou uma castanha-da-índia poderiam fazer com que saísse voando — era uma onda incrível, e era a única coisa que me fazia relaxar depois do trabalho.

Eu não tinha dinheiro para estacionar a moto em lugar nenhum, mas Tim e Tana tinham uma cobertura linda em um dos prédios de loft em cima do restaurante Le Pont de la Tour de Conran, em Butler's Wharf, e Tim disse que eu podia deixar a moto na garagem deles. Acho que estávamos em junho quando passei lá de manhã cedo para pegá-la. Toquei a campainha do apartamento, e Tana atendeu a porta. Deduzi que ela estaria dormindo. Eu tinha deixado a minha chave na casa deles caso Tim precisasse tirar a moto durante a semana.

— Onde está Tim? — Perguntei.

— Não ficou sabendo? Tim e eu nos separamos há uma semana.

— Está brincando! — Disse. Tentei parecer compreensivo, mas eu estava pulando de alegria por dentro.

E, pronto! Fomos direto lá para cima. Desisti de ir encontrar meus amigos no Soho. Em vez disso, fiquei com ela, conversando até umas 6h da manhã. Foi ótimo! Nos divertimos muito. Aparentemente, Tim conhecera uma garçonete em Nova York — Tana havia encontrado alguma evidência no bolso dele e o expulsou de casa. Depois, perguntei se ela estava a fim de dar uma volta de moto comigo, na minha garupa. Tim tinha um capacete em algum lugar. No caminho, tivemos de ter cuidado para não aparecer nas câmeras CCTV — saíamos separados e ela me encontrou a cem metros de lá, porque o pai dela morava em outra cobertura no mesmo prédio. Ele conhecia os seguranças. Ele me veria com Tana, e não queria isso — pelo menos não naquele momento.

E foi assim que começamos a sair juntos, apesar de cada um morar no seu respectivo apartamento durante os primeiros seis meses. Nos casamos em dezembro de 1996. Por que Tana foi bem-sucedida onde Ros falhou? Acho que foi porque, pelo menos no início, estávamos apenas nos divertindo. Não havia pressão; ninguém ficava seguindo os passos do outro. Por isso, não senti que era claustrofóbico. Não tínhamos nada planejado. Tana estava estudando para ser professora de creche. Ela trabalhava como assistente do pai e ia para a faculdade à noite, então não tínhamos muito tempo para nos ver de qualquer maneira. De segunda a sábado era impossível. Além do mais, ela sabia o que significava uma pessoa ser determinada, ser obcecada pelo trabalho — o pai dela tinha essa mesma característica. Quando ela era pequena, seu pai às vezes trabalhava 24 horas por dia. Então, nunca precisei dar satisfações sobre o que estava fazendo e fico muito grato por isso.

CAPÍTULO 7

A GUERRA

Recebemos nossa primeira estrela do Michelin, no Aubergine, 14 meses depois de ter sido inaugurado, em 1995. Eu tinha apenas 28 anos. Era minha primeira estrela e a terceira de Marco. Dois anos depois, em 1997, recebemos a nossa segunda estrela. Ou seja, começamos do zero e chegamos a duas estrelas em três anos; o único restaurante a conseguir esse feito também foi o Harvey's. Todo mundo apareceu: a princesa Margaret, David Bowie, Robert de Niro. Havia tantos clientes que nem a Madonna conseguiu uma mesa. Nesse momento, as coisas começaram a ficar interessantes.

Foi por volta dessa época que minha relação com os italianos — Claudio Pulse e meus outros sócios, Giuliano Lotto e Franco Zanellato — começou a ficar complicada. Minha relação com Marco também começou a seguir o mesmo caminho.

Alguns meses depois de eu ter conseguido a estrela, Marco disse que precisava conversar comigo.

— Meu chef está indo embora — disse ele. — Vou dar a você uma parte do meu negócio, vou torná-lo o melhor dos meus chefs e vou pagá-lo cem mil libras por ano; você nunca mais vai precisar se preocupar com dinheiro. Não decida agora. Quero que você pense no assunto. Vamos jantar no domingo à noite.

Puta merda.

Naquele domingo, durante o jantar, conversei com ele. "É uma oferta maravilhosa", disse. "A proposta de gerenciar seu restaurante de três estrelas é uma grande honra. Mas eu estava com você no Harvey's quando ganhou essas estrelas e, para ser sincero, só quero ganhar as minhas próprias três estrelas."

A reação dele foi imediata e surpreendente, por mais que eu tivesse para lá de acostumado com seu temperamento. Ele nem tentou me convencer de que eu estava errado. Ele levou para o lado pessoal. Sem querer, eu havia passado de um limite que nem sabia que existia.

— Você está LOUCO — disse ele. Logo depois, começou a falar sobre a vida dos meus sócios italianos, inclusive sobre as dívidas que tinham e quais eram seus planos para o Aubergine. Meu Deus! Eu só havia recusado uma merda de emprego.

— Eles estão prestes a desistir do negócio — disse ele. — Eles vão vender o restaurante, e você vai ficar de mãos abanando.

Então, fui conversar com Claudio. O restaurante estava sempre lotado, a renda era de pelo menos 40 mil libras por semana; não era seguro?

— Não estamos gerando nenhum lucro, Gordon — disse ele.

— Eu sei, mas temos um bom fluxo de dinheiro. O negócio é bom.

Depois, ele me contou sua versão da história em relação a Marco. As coisas estavam dando errado no The Canteen. Michael Caine queria que as coisas fossem simples no restaurante, que servisse peixe com batata frita e carnes decentes. Mas Marco queria passar um pouco dos limites...

Logo depois, Marco saiu do The Canteen. Então, apesar de odiar brincar de bobinho com o The Canteen — depois que Marco saiu, às vezes eu tinha de ajudar na cozinha de lá, dando conselhos para o cardápio e coisas do tipo —, fiquei mais tranquilo. Parecia que o Aubergine estava seguro até então.

Mesmo assim, comecei a ficar paranoico e tinha certeza de que Marco estava tentando se vingar de mim por ter recusado sua oferta. Quando o Aubergine recebeu, inesperadamente, uma crítica negativa — escrita por Jonathan Meades no *The Times* —, tive certeza de que ele tinha alguma coisa a ver com isso. O mesmo aconteceu com uma crítica péssima do A.A. Gill, o crítico gastronômico do *Sunday Times*. Sabia que Gill e Marco saíam para praticar tiro ao alvo juntos, são melhores amigos até hoje, então foi fácil me convencer de que estavam agindo em parceria. Será que Marco teria feito com que os dois críticos gastronômicos mais famosos da Grã-Bretanha me fodessem? Eu realmente não sei. De certo modo, é até engraçado agora. O que eles escreveram era obviamente uma besteira. Mas, mesmo assim, me senti vulnerável e inquieto e muito, muito nervoso. Hoje consigo ver claramente que estava apenas sendo neurótico.

Depois, do nada, Claudio disse que ele e os outros sócios queriam abrir um segundo restaurante de comida refinada. Mais uma vez, eles me dariam 10% do negócio. Tudo o que eu precisava fazer era encontrar um chef. Pensei imediatamente em Marcus Wareing, que eu acabara de mandar a Paris. Então, ele voltou, e nós abrimos o L'Oranger, em Saint James — e foi um grande sucesso. Até mesmo A A. Gill gostou. O restaurante recebeu uma estrela do Michelin em apenas seis meses.

Os italianos fizeram uma oferta para eu converter as minhas partes no Aubergine e no L'Oranger em uma parte do grupo de restaurantes como um todo. Naquela época, a oferta me pareceu generosa, então aceitei. A renda do grupo era bem extensa.

Então, meu restaurante estava rendendo 250 mil libras por ano, e até o L'Oranger, que estava engatinhando, rendia 40 mil. Se você analisasse o talento que estávamos cultivando, veria que estávamos cada vez mais fortes. Mas aí os sócios começaram a falar de bistrôs e brasseries, e até mesmo de uma pizzaria, de abrir cada vez mais restaurantes, todos inspirados pelo Aubergine, e eu comecei a ficar nervoso. Achei que o gerenciamento estava muito descontrolado. Eles não sabiam o que estavam fazendo. Eu não curtia ficar me clonando, gostava de excelência e de controle.

O que aconteceu depois foi que outras empresas começaram a nos sondar para nos comprar. Luke Johnson, o homem por trás do Pizza Express, estava interessado, assim como o grupo Virgin. Surgiam uns caras de terno, e eu tinha de parecer animado e entusiasmando quando, na verdade, não estava nem um pouco interessado em vender a minha parte, por mais que tivessem me oferecido 1,5 milhões de libras por ela. Conversei com meu sogro. Eu disse que achava que Claudio ia vender de qualquer jeito, sem se importar com o que eu queria, e me oferecer como parte do pacote. O que eu poderia fazer? No meu contrato estava escrito que, se eu saísse do grupo, não podia abrir nenhum restaurante nas proximidades do Aubergine. Chris me aconselhou a não assinar nada.

Meu único poder estava concentrado no fato de eu ser dono de 10% da empresa. Mas acabou que minha pequena parte não era tão essencial quanto eu imaginava. Claudio e Franco tinham 22,5% cada, e Giuliano tinha 45%. Nesse momento, minha relação com os italianos foi por água abaixo. Recebi uma ligação do meu pasteleiro. “Gordon”, disse ele. “Acabei de conversar com Marco, e ele fez várias perguntas sobre você. Ele queria saber quantas horas você trabalha, quantas noites por semana está no restaurante. E, em seu escritório, havia cópias do todos os cardápios do Aubergine e do L’Oranger.”

O que acontecera foi o seguinte: Giuliano e Franco perceberam que eu não estava interessado em assinar nada — ainda mais um acordo que, caso vendesse minha parte, eu poderia continuar como consultor —, então resolveram chamar Marco como consultor. Eles iam usá-lo como um pedaço de pau para acabar comigo. O plano era dizer que, caso eu não assinasse o contrato, e eles não vendessem a empresa, eu estaria fora de qualquer jeito, sendo substituído por Marco. Marco, é claro, negou tudo. Claudio, enquanto isso, pediu para que eu ficasse tranquilo, que juntos não haveria motivo para nos preocuparmos já que tínhamos uma boa parte do negócio, independentemente do que Giuliano e Franco fizessem. Mas o que eu não sabia era que o filho da mãe estava prestes a vender a sua parte para Giuliano, que não precisaria mesmo da minha parte. Eu estaria fodido de qualquer jeito. Ele estava me vendendo. Como descobri tudo isso? Bem, eu tinha meu próprio espião.

Recebi uma ligação, naquele estilo misterioso.

— Tome cuidado — disse a voz do outro lado da linha. — Não confie em nenhum deles, pois todos são filhos da mãe, todos querem ferrar uns aos outros, e está rolando uma grande negociação. Eles estão prestes a vender a empresa e querem vender você junto. Não dê atenção a Giuliano, não dê atenção a Claudio e fique longe de Marco. — E, então, a pessoa desligou.

Muitos boatos rondavam o universo gastronômico de Londres — como a fumaça em cima de uma panela de caldo. "O Aubergine vai ser comandado por Marco Pierre White", diziam as pessoas, ou "Gordon está prestes a perder suas duas estrelas". Marco estava felicíssimo. Enfim, vitória.

Só para completar, Tana estava grávida da nossa primeira filha, eu tinha outra hipoteca e estava com dívidas até o pescoço. Basicamente, eu estava completamente na merda. Eu havia criado um restaurante fenomenal e quase havia me matado fazendo isso, trabalhando na cozinha durante, no mínimo, 16 horas por dia, e agora ele estava prestes a ser tirado de mim.

Então, do nada, aconteceu algo muito estranho que, apesar de parecer um desastre para todo mundo, foi uma vantagem para mim. Nos dias antes dos computadores e da internet, o livro de reservas de um bom restaurante era sua melhor propriedade, algo que valia ouro. Havia reservas no nosso restaurante com até seis meses de antecedência, e o livro continha os detalhes sobre cada uma delas. Sem ele, o restaurante entraria em um caos total. E o que aconteceu foi que alguém, usando uma balaclava, chegou de mobilete ao restaurante, entrou, pegou o livro, saiu e foi embora correndo.

Bem, sucedeu-se o pandemônio. Não preciso nem dizer que a notícia desse roubo motorizado se espalhou como fogo. Recebemos milhares de ligações de clientes que não tinham feito reservas, mas que estavam felizes em tentar, já que sabiam da desorganização que pairava sobre nós. Finalmente! Eles iam conseguir uma mesa no Aubergine. Já os jornais estavam sedentos por detalhes. “Apenas alguém do ramo saberia o verdadeiro valor de um livro de reservas”, informei aos jornalistas. Quem estava por trás desse roubo motorizado? Hum. Eu tinha minhas suspeitas.

Os italianos, enquanto isso, estavam em completo choque. Eles começaram a entrar em pânico. Marco negou estar envolvido, e agora sei pelas minhas próprias fontes que ele estava dizendo a verdade, mas isso não foi o suficiente para os italianos. Eles imaginavam quem mais no mundo ia querer tanto o nosso livro de reservas. “Ele acha que vai conseguir controlar o restaurante de qualquer jeito”, argumentei com eles. “Ele apenas está sendo arrogante, dando um passo maior que a perna, como sempre.” Mas o que realmente os convenceu de que a trapaça era dele mesmo foi o fato de que as reservas da noite anterior, fotocopiadas do livro, estavam sendo misteriosamente enviadas por fax para o Aubergine. Às vezes, as páginas chegavam de uma copiadora perto de um dos restaurantes de Marco.

Como lidamos com isso? No restaurante, seguimos aos trancos e barrancos, noite após noite, e tentamos fazer o melhor de uma situação ruim.

Agora, a possibilidade de Marco comandar tudo estava cada vez mais longe. Os italianos estavam extremamente putos com ele. Na verdade, eles estavam do meu lado de novo. Fiquei aliviado. Se Marco estivesse no comando, tudo pelo que trabalhei teria sido perdido. Não era só o fato de não gostar mais dele, eu também não acreditava mais que ele agiria pensando no melhor para mim.

No fim de 1997, fui visitado por David Levin, dono do The Greenhouse, que estava procurando um substituto para Gary Rhodes, que fora embora. Levin havia feito o que me parecia uma oferta bem generosa de um salário de 150 mil libras por ano e 5% do negócio. Ele também era dono do The Capital, um dos melhores restaurantes de Londres, então a ideia de trabalhar para ele me pareceu muito atraente. Diferentemente dos italianos, que me pareciam, no fundo, não ter interesse na ideia de comida refinada, Levin sabia tudo sobre o assunto; ele também sabia que, se fossem bem gerenciados, restaurantes excelentes poderiam ter tanto lucro quanto restaurantes de massa.

No entanto, no fim das contas, recusei a oferta, apesar de a probabilidade de trabalhar no The Greenhouse envolver um risco consideravelmente menor do que a ideia de abrir meu próprio negócio. Por quê? Simples. Marquei um almoço entre meu sogro e Levin, e ele chegou desse encontro — como posso dizer — relativamente pouco impressionado. Nosso maior problema com os italianos sempre foi o fato de que eles não pensavam no que era melhor para mim, e Chris achava que com Levin seria a mesma coisa.

Mesmo assim, Levin elaborara um contrato, e Chris e eu fomos chamados para uma reunião com seus advogados, Withers, para dar uma olhada — ou pelo menos foi o que pensamos. Para a nossa surpresa, essa reunião era conclusiva, e não uma discussão sobre o meu futuro. Levin, enquanto isso, não havia nem aparecido, mandando seu filho Joe como procurador (imaginamos que o papai estava jogando golfe). Meu sogro me chutou algumas vezes durante a reunião até, finalmente, pedir licença durante alguns minutos. Lá fora, Chris olhou para mim e disse:

— O que você quer de verdade, Gordon?

— Um restaurante com três estrelas — respondi.

— Bem, esse lugar não existe se o chef só possui 5% dele — disse ele.

Inventamos umas desculpas e fomos embora. Acho que essa oferta e a atitude de Chris em relação a ela ajudaram a esclarecer as coisas na minha cabeça. Ou eu tinha meu próprio lugar ou não tinha nada. Segui em frente a todo vapor.

Agora que Marco estava em maus lençóis com os italianos, e eu sabia que a fuga estava ao meu alcance, fui capaz de tratar Marco da mesma maneira como ele me tratava: eu podia enrolá-lo. Por sorte, e não era a primeira vez, Marco agora precisava de mim, o que significava que eu podia ir com calma até que meu plano de fuga estivesse concluído. Ele estava no meio de uma animosidade com Tony Allan, o peixeiro que depois se tornaria dono de uma rede de restaurantes chamada Fish!. Tony foi citado por dizer que havia visto Marco usar tinta de caneta em seu risoto de tinta de lula. Marco resolvera processá-lo, e precisava de mim como testemunha. Então, começou a ficar todo legal do nada. Ou seja, tudo estava uma maravilha. Não havia por que complicar as coisas até o momento certo.

Nessa época, também, Marco estava no comando do restaurante no Café Royal; ele agora tinha uma ideia de que faria parte da minha parceria com Chris e nos entregaria o Café Royal. Nós fingimos estar de acordo. O que ele não sabia era que estávamos no meio de uma negociação nossa — comprar o local do La Tante Claire de Pierre Koffman, que levaria o restaurante para o The Berkeley em Knightsbridge. O problema foi que essa mudança foi atrasada durante seis meses, já que o The Berkeley, que fazia parte do grupo Savoy, estava envolvido na grande aquisição da Blackstone, uma empresa de *private equity** com base em Nova York, então tive de manter todo mundo satisfeito por mais tempo do que esperava. Era complicado: como segurar um bebê e cortar uma cebola ao mesmo tempo. Sempre que Marco falava do assunto do Café Royal, eu sorria inocentemente e fazia barulhos vagos de entusiasmo. E quando os italianos falavam do assunto do meu contrato com eles, eu sorria inocentemente e dizia que só precisava conversar com meus advogados. Meu sorriso falso devia estar muito evidente, pois tínhamos garantido fundos para o Royal Hospital Road e, sem ninguém saber, estávamos a caminho da verdadeira linha de partida. Ironicamente, também tinha sido a primeira vez que ouvimos o nome "Blackstone", que nos faria chegar às estrelas mais tarde.

No fim, apesar de nunca ter sido chamado, eu teria testemunhado para Marco. Eu tinha meus motivos. Com certeza não tinha nada a ver com o fato de ele estar puxando meu saco, nem mesmo com o fato de eu não achar que ele faria algo tão idiota quanto colocar tinta no risoto nero. Além de outras coisas, mancharia os dentes do cliente. Basicamente, concordei em dar provas a favor dele se ele fizesse o mesmo por mim. Ele disse que os italianos haviam conversado com ele para me incriminar — uma informação que achei que poderia ser muito útil em algum momento.

Se eu precisasse de alguma prova de que eu estava fazendo a coisa certa ao escapar das garras de Marco, ela se mostrou

* *Private equity* é um tipo de atividade financeira que consiste em investir em empresas que ainda não são listadas na Bolsa de Valores, com o objetivo de alavancar seu desenvolvimento. (*N. do E.*)

durante uma conversa que tivemos em frente ao Mirabelle, em Mayfair, que ele abrira algumas semanas antes. Foi impressionante, e envolvia Jean-Christophe Novelli, um homem com quem Marco provavelmente acredita estar eternamente em dívida. Marco estava louco para botar as mãos no Les Saveurs, em Curzon Street, outro restaurante que tinha os mesmos donos japoneses que o Mirabelle. Naquele momento, ele tinha resolvido colocar Novelli como chef. Novelli tinha uma pequena rede de restaurantes tipo bistrô, incrivelmente bem-sucedida, mas agora queria trabalhar com comida refinada também. Ele queria tentar ganhar algumas estrelas do Michelin. Então, Marco o colocou no Les Saveurs. Eu não acreditava que Novelli era qualificado para tal naquela época — e, mais tarde, vi que estava certo. Ele logo perdeu a estrela do Michelin que havia herdado, e, durante um período de mais ou menos seis meses depois disso, seus outros negócios foram falindo sem restar nada, um por um. Eu não deveria ter ficado surpreso quando sua performance do tipo "jogar pratos" no *Hell's Kitchen* fracassou em relembrar sua fortuna. Mas essa é outra história.

No jardim do Mirabelle, naquela noite, perguntei a Marco por que cargas-d'água ele colocara Novelli no Les Saveurs. No começo, ele não disse nada; simplesmente me encarou. Seus olhos eram como canos de uma arma. Sua resposta, quando ele a deu, me deixou arrepiado.

— Gordon — disse ele. — Gordon. Gordon.

Esperei. Ele sempre adorou fazer drama.

Então, ele disse:

— Novelli está ficando grande demais. Não queremos que ele cresça mais, não é mesmo?

CAPÍTULO 8

A GRANDE DEBANDADA

Sobrevivi àqueles seis meses, mas foi por pouco. Quando lembro, ainda não tenho certeza de como fiz isso. Sem me contar, Franco e Claudio haviam vendido suas partes da empresa a Giuliano, o que significava que agora ele era dono de 90% do negócio. Em outras palavras, o negócio era dele, e eu não significava nada. Ele começou a ficar muito autoritário. "Vamos abrir todos os dias da semana", dizia. "Vamos aumentar os preços." Ele não tinha nem um pouco de jeito para gerenciar restaurantes. Pelo menos Claudio e Franco eram *restaurateurs*; Giuliano trabalhara com ações. Ele até comentou de um bistrô em Bermuda.

Ele também queria que Jean-Claude gerenciasse o Memories of China, e queria que o meu sous chef ajudasse no Spighetta (ambos eram restaurantes do grupo). Parecia que meus funcionários não eram mais meus. Lá se foram os dias em que ele me pedia para fazer alguma coisa; agora, ele simplesmente mandava. Eu não gostava nem um pouco dessa atitude. Mas a única coisa que ele não conseguiu fazer foi me prender pelo contrato. Eu ainda não tinha assinado nada. Isso acabou sendo um erro fatal da parte dele.

Finalmente, o acordo com o Royal Hospital Road foi fechado — secretamente, é claro.

Foi um grande alívio: eu não sabia quanto tempo mais aguentaria satisfazer Giuliano e seu grande ego. A quantidade de dinheiro que peguei emprestado era uma grande preocupação, é claro, mas a mudança foi definitivamente facilitada por um gesto de extrema generosidade do meu antigo chefe, Pierre Koffmann, que havia concordado que as 500 mil libras que eu deveria pagar pelo aluguel da propriedade do La Tante Claire poderiam ser divididos em duas vezes. Eu pagaria 375 mil na hora e mais 125 mil um ano depois. Foi decente pra caralho da parte dele. Quero dizer, muito, muito decente, e eu sempre ficarei agradecido por isso. Tudo isso significava que teríamos um dinheiro a mais para rearrumar o lugar, estabelecer uma carta de vinhos decente, contratar funcionários e dar um bom começo no esquema como um todo.

Eu estava extremamente animado. E agora era hora de conseguir me demitir como diretor. Deveria ser bem tranquilo: você sabe — dar o aviso prévio, trabalhar durante esse período, apertar as mãos, sair fora. Mas, graças basicamente a Giuliano, acabou sendo um dos momentos mais dramáticos e infames da minha carreira até hoje.

Uma pequena discrepância havia sido descoberta nos custos de alimentos do L'Oranger. Enquanto isso, a empresa queria que Marcus assinasse um acordo de quatro anos, que o deixaria preso ao grupo, como uma maneira de garantir investidores. Até então, ele havia recusado — também não estava satisfeito com o rumo que a empresa estava tomando. Quando essa suposta discrepância foi encontrada, Giuliano tinha uma desculpa para cobrar de Marcus.

— Assine a merda do contrato senão eu demito você — disse ele.

Marcus não se abalou.

— Em primeiro lugar, se eu assinar, quero um certificado que comprove os meus 10% da empresa, que foram oferecidos há quatro anos, e que eu ainda não vi — disse ele.

Marcus é de Liverpool. Ele é o tipo de cara que vai direto ao ponto.

Mas nada feito. Em uma sexta-feira à noite, pouco tempo depois, Giuliano veio falar comigo que, caso Marcus não assinasse o contrato naquela mesma noite, ele o demitiria de manhã. "Está louco?", disse eu. "Vai demitir o chef principal?"

Giuliano estava prestes a cometer o maior erro de sua vida — e, como dono de uma parte da empresa, infelizmente, eu tive de acompanhá-lo até o L'Oranger para assistir a ele fazer isso. Deixei clara a minha posição de espectador para os funcionários. "Não tenho nada a ver com isso", disse. "Ele é dono da maior parte. Mas eu preciso estar presente para testemunhar."

Giuliano virou para Marcus e disse:

— Sua parte caiu em 2%, e vou lhe demitir se não assinar o acordo.

— Bem, não vou assinar. Pode me demitir.

Marcus foi devidamente demitido e saiu do local.

Em seguida, Giuliano saiu do restaurante e, nesse momento, juntei todos os funcionários, tanto do L'Oranger quanto do Aubergine, e disse que eu estaria do lado de Marcus. Estava indo embora, não seria mais o diretor, e abriria outro restaurante. "Vocês são mais do que convidados a me acompanhar", disse. "Espero que tenha um emprego para cada um de vocês lá, mas, no momento, nada está certo. Vou embora porque não estou feliz com o caminho que este negócio está tomando. Se quiserem entregar o aviso prévio e me acompanharem, a decisão é de vocês. Pessoalmente, não posso dizer o que vai acontecer, porém, do meu ponto de vista, tanto o Aubergine quanto o L'Oranger acabaram para sempre." Angela estava lá, Sage estava lá, Mark Askew estava lá. Todos tínhamos lágrimas nos olhos.

"A porra do meu braço direito foi demitido", continuei. "Ele deu tudo de si para esta empresa nos últimos cinco anos, e não aceito o que aconteceu." O que ocorreu depois foi maravilhoso, apesar de, sinceramente, não ter me surpreendido.

Sempre tive funcionários leais — independentemente de qualquer porcaria que fosse escrita sobre a minha capacidade como chefe e dessas alegações absurdas de que sou escroto —, e eu sabia que, assim que fosse embora, Giuliano teria sorte se mantivesse até mesmo o mais humilde dos faxineiros de cozinha. Mesmo assim, foi muito emocionante.

Na hora, 46 membros da equipe foram embora, e, ao fazer isso, conseguiram efetivamente fechar dois dos melhores restaurantes de Londres.

Tanto o Aubergine quanto o L'Oranger ficaram várias semanas fechados enquanto Giuliano tentava desesperadamente encontrar novos funcionários, o que significava que a empresa estava perdendo muito dinheiro (ambos os restaurantes faturavam pelo menos 50 mil libras por semana). Isso teve um efeito dominó: clientes irritantes que tinham reservas prévias foram comer em outro lugar, enquanto clientes em potencial, compreensivelmente, não tinham interesse em comer em nenhum dos dois lugares se seus aclamados chefs não estivessem mais na cozinha. Aqueles restaurantes ERAM Marcus e eu; era um absurdo pensar que poderiam nos substituir sem ninguém perceber. Giuliano foi muito inocente se achou que conseguiria isso.

Obviamente havia o detalhe de que eu estava preso ao aviso prévio. Eu tinha de permanecer lá durante quatro semanas, independentemente do que meus funcionários fizessem. Ou pelo menos eu teria de ser VISTO por lá, por questões legais. Assim que Giuliano descobriu que os funcionários haviam ido embora, começou a me encher o saco de novo.

— Gordon, você não pode fazer isso comigo — disse ele. — Isto é ridículo.

O cara estava chorando copiosamente.

— Preste atenção, cara — eu disse. — O que posso fazer é cozinhar para uma mesa de quatro pessoas sozinho, e posso abrir para o almoço e o jantar até ir embora. Não vou ser mais o diretor, mas, como chef, ficarei aqui por mais um mês. O que não posso garantir é gerenciar um restaurante lotado muito menos lidar com o L'Oranger ao mesmo tempo. Quatro pessoas é a sua clientela.

Foi hilariante — a seriedade com que falei que poderia cozinhar para uma mesa de quatro pessoas. Ele não podia me culpar diretamente pela debandada, por mais que tivesse alguma ideia, porque eu ainda estava ali. Fiquei firme na minha posição, ostentando a minha bandeira. Ele deve ter imaginado que eu estava por trás do que acontecera, mas não tinha provas, e meu comportamento agora, bem, era impecável. Eu poderia estar cagando para tudo, mas estava cumprindo com a minha parte.

Obviamente, a imprensa adorou. Assim que as notícias sobre o que acontecera se espalharam, os telefones tocaram loucamente. Todos jornalistas em Londres queriam a matéria. Quando a noite chegou, havia equipes de TV na rua do restaurante. O *Evening Standard*, de Londres, fez uma matéria sobre a história — ainda temos uma cópia em display no escritório principal — "Funcionários saem em debandada em protesto à demissão do chef". Para Giuliano, era o pior tipo de publicidade.

Os dias seguintes foram muito estranhos. Giuliano pediu para que eu contratasse funcionários de uma agência. Enquanto isso, começou a trazer chefs — chefs que tinham a audácia de pensar que poderiam comandar o Aubergine. Só de olhar para eles, dava para ver que essa ideia era cômica, até mesmo insultante. Eu os observava da escada, com o queixo caído. Até David Cavalier veio dar uma olhada. (Ele era de um nível completamente diferente dos outros candidatos, já que trabalhou no L'Escargot e depois teve seu próprio restaurante, Cavalier's, onde também havia ganhado uma estrela do Michelin.) Quando viu que eu ainda estava lá, mal pôde acreditar. Eu mesmo mostrei o restaurante. Ele logo estava com a boca espumando — deixei bem claro que o restaurante não pagava seus credores há meses. O Aubergine era uma mina de ouro, e a empresa havia garantido que usufruíra dele o tanto quanto fosse possível para bancar outras partes do negócio, sabendo que, já que era tão famoso e obviamente bem-sucedido, os credores demorariam para finalmente vir cobrar alguma coisa.

Quando entreguei minha carta de demissão, Giuliano ainda insistia que podíamos resolver as coisas. Mas eu esperara um ano e meio para fazer o que queria, e não ia mudar de ideia. "Não tem noção de quanto trabalhei na última merda de ano?", eu disse. "Minha esposa estava grávida de nossa primeira filha, o que por si só já trazia complicações e dificuldades, e durante todo esse tempo você tentou me menosprezar. Juro por Deus, não há nenhuma circunstância que me faça ter qualquer tipo de negócio com você pelo resto da minha vida. Agora, você obviamente é dono dos restaurantes. Vai se foder e cuide deles."

A cena deve ter sido horripilante: meus olhos estavam esbugalhados, minhas veias pulsavam como se eu estivesse prestes a explodir. Os olhos dele, por outro lado, estavam cheios de água. Pensei em todos os agrados que ele fizera aos executivos, todos os figurões que ele trouxera, todos os possíveis investidores que impressionei em nome dele com minha comida e meus lucros.

Está na hora de você aprender algumas lições, pensei. Da maneira mais difícil.

Algumas semanas depois, no dia 1º de setembro de 1998, abrimos as portas do Gordon Ramsay Royal Hospital Road, no lugar onde ficava o antigo La Tante Claire. Ofereci emprego para todas as pessoas que haviam apoiado a Marcus e a mim.

Foi maravilhoso. Mas nossos problemas não haviam acabado.

Giuliano estava convencido de que alguém deveria pagar pelo que acontecera no Aubergine e no L'Oranger — e essa pessoa, no caso, era eu. Receber uma ordem judicial nunca é o que consideramos algo agradável, mas sua chegada coincidiu com o enterro do meu pai. Recebi, em mãos, quando voltei do funeral. Foi em frente à minha casa, e os dois caras que entregaram estavam esperando por mim.

Ele queria me processar por muito dinheiro. Também me acusou de quebrar meu contrato de empregado por conduzir os funcionários.

Eu estava determinado a lutar até o fim, apesar de não ter dinheiro de sobra para pagar as taxas legais. Eu estava comandando um restaurante novo. Restaurantes novos engolem dinheiro, então eu não tinha lucro líquido nenhum. Mas Giuliano teria o dia dele no tribunal se era o que queria. Eu faria esse favor sem problemas. Porém, isso não queria dizer que não estava me cagando de medo. No papel, ele parecia ter um caso sólido.

A ordem não estava apenas relacionada à vingança pelo que acontecera depois da grande debandada. Giuliano estava furioso também com o fato de estarmos planejando abrir nosso segundo restaurante a poucos metros do L'Oranger. Seria o Pétrus. Marcus seria o chef principal. Tivemos condições de bancar o aluguel porque as coisas estavam indo muito bem no Royal

Hospital Road; atingimos o dobro de vendas que Koffmann havia conseguido no mesmo período.

No mês de janeiro depois que abrimos, o Aubergine perdeu umas de suas estrelas e o Gordon Ramsay Royal Hospital Road ganhou duas (como detalhe, pode valer a pena mencionar que, quando o La Tante Claire foi para o The Berkeley, perdeu sua terceira estrela — mas eu não tive nenhum prazer com isso, pelo que Koffmann havia feito por mim). Enfim, Giuliano não gostou nem um pouco que Marcus estivesse no seu território.

Qualquer pessoa que imagina como esse período era estressante na minha vida só precisa catar filmagens antigas do programa do Channel 4, *Boiling Point*, que foi filmado nessa época. Uma produtora viera falar comigo quando eu ainda estava no Aubergine, sobre participar de um programa no qual uma câmera discreta acompanharia um chef em sua cozinha — em outras palavras, cobriu o período logo antes e logo depois da separação. (Esse foi outro motivo de desentendimento com Marco; ele era uma das muitas pessoas cogitadas para participar antes de mim.)

O programa, a primeira vez que eu aparecia na TV, foi um sucesso, mas também era extremamente controverso. Os espectadores reclamavam — aos montes — tanto do fato de eu usar muito palavrão quanto da maneira como tratava meus funcionários. Eles me acusavam de ser um escroto. Eles, e algumas organizações profissionais, disseram que os jovens desistiriam da ideia de ter uma carreira na cozinha. Tenho certeza de que não seria tão surpreendente hoje — é graças a programas como *Boiling Point* e *Hell's Kitchen* que o público agora pode entender como é difícil trabalhar em uma cozinha profissional. Mas, naquela época, o público não sabia de nada; imaginava-se que os chefs eram babacas com sotaque francês e um chapéu grande e branco. Por outro lado, talvez eu ESTIVESSE meio descontrolado. De alguma forma, a pressão deve ter me afetado. Lembro quando eu mesmo vi a primeira parte do programa, em uma pequena sala de exibição — fiquei chocado. As cenas eram ótimas, mas, ao me ver pela primeira vez na tela, pensei: caralho, sou assim mesmo? Minha boca era muito suja; minha mãe ficou perplexa.

Depois disso, não apareci para ver mais nada. Eu não conseguia suportar. Já meu sogro, descobri depois que ele precisava beber alguma coisa muito forte antes de assistir aos episódios semanais. Em pouco tempo, o Bank of Scotland, que havia nos emprestado muito dinheiro, ligou perguntando se eu corria risco de me expor demais. Bem, foi dessa maneira que se expressaram. O que queriam dizer era: quem é aquele maluco que recebeu meio milhão da gente?

No fim, porém, o efeito foi bom para o negócio. Os telefones não paravam de tocar; 50% das pessoas que ligavam diziam: como pode ser tão filho da puta? Os outros 50% diziam: se você tem tanta paixão assim pela comida, queremos comer com você.

Mesmo assim, não poderia continuar daquele jeito para sempre. Foi como Chris me disse na época: precisava aprender a controlar meu temperamento, a manter a calma sob pressão, senão eu acabaria me matando ou matando alguém. Eu também precisava parar de comer para me sentir melhor e ficar em forma de novo. Nos primeiros meses do Royal Hospital Road, meu peso subiu para mais de 110kg. Essa era outra maneira de notar como eu estava estressado. Quando olho para fotos minhas, fico perplexo. Estou horrível: gordo, oleoso e mais tenso do que nunca.

Mas voltemos à ordem judicial. Primeiro, eu tive de garantir que teria dinheiro o suficiente para enfrentar o caso. A única propriedade que me pertencia era a nossa casa, então tive de vendê-la, e voltamos a morar de aluguel. Foi uma coisa péssima a se fazer.

Minha infância me fez ansiar por uma casa segura, protegida, só minha — e assim que consegui isso, tive de me desfazer dela. Além do mais, me senti muito mal por Tana. Ela vem de uma família legal e unida de classe média. Foi educada em colégios particulares. Estava acostumada com certo estilo de vida. Além disso, tinha Megan, nossa filha pequena. Foi muito difícil ter de lhe dizer que íamos nos mudar novamente, e que dessa vez estaríamos descendo a escada das propriedades, e não subindo.

Entre os turnos no Royal Hospital Road, eu passava muito tempo com meu advogado. Ele disse que o caso seria muito complicado de se vencer. Mas eu ainda tinha uma carta na manga: ainda era dono de uma parte, ainda tinha os meus 10%. Ele achou que tudo poderia se revolver simplesmente porque queriam a minha parte. Além do mais, como acionista, por que eu ia querer causar danos ao meu próprio negócio? Não seria exatamente do meu interesse.

No fim das contas, Giuliano não conseguiu seu dia no tribunal. Em uma audiência gerencial, o juiz aconselhou veemente que fizéssemos um acordo fora do tribunal, pois seria extremante custoso para as duas partes se continuássemos. Na opinião dele, nem mesmo o vencedor sairia com muito dinheiro. Ele também avisou que, independentemente do que acontecesse, não havia nada que me impedisse de cozinhar; era impossível fazer isso. Então, quatro meses depois de ter recebido minha ordem judicial, fizemos um acordo fora do tribunal. Os termos desse nosso acordo nunca foram revelados, mas acho que posso dizer que fiquei com uma conta alta a pagar no fim de tudo. Eu brincava com a imprensa na época que não podia entrar em detalhes porque, toda vez que isso acontecia, minha porta estaria enfeitada com cabeças de cavalo. Estava brincando, mas o sentimento era real. Giuliano era um homem vingativo. Na época, não podia continuar brigando com ele. Precisava me concentrar no meu restaurante e no Pétrus. Estávamos no caminho certo agora e não podíamos deixar que nada mais nos atrapalhasse. Além do mais, como de costume, eu estava duro.

CAPÍTULO 9

O DOCE AROMA DO SUCESSO

Em janeiro de 2001, o Royal Hospital Road conseguiu sua terceira estrela do Michelin — o mesmo dia em que minha esposa me deu a chave de uma Ferrari 550 Maranello azul. Por mais que o carro fosse lindo, não tinha dúvidas de qual deles havia sido o melhor prêmio. Eu desejava aquela terceira estrela com tanta força há tanto tempo, e agora todo o meu trabalho duro havia sido recompensado: essa era a glória máxima, o reconhecimento definitivo. Isso também significava, oficialmente, que o meu restaurante era o melhor de Londres porque, depois de uma discussão com a organização do Michelin no ano anterior, tanto Marco Pierre White quanto Nico Ladenis haviam perdido o status de três estrelas. Até hoje meu restaurante é o único com três estrelas em Londres.

É claro que de tempos em tempos os chefs reclamam do Michelin, alegando que só está interessado em comida classuda demais; que não entende nenhum outro tipo de culinária sem ser a francesa; que os inspetores estão muito presos às suas manias, são muito obcecados pelos detalhes do serviço e com os dos salões de jantar. O que eu digo sobre esse tipo de crítica? Besteira. Geralmente, esse tipo de reclamação é só recalque de homens que não conseguiram se dar bem. Não concordo que os inspetores não saibam nada de culinária não francesa ou que sejam muito antiquados ou que demorem para dar estrelas. Primeiro de tudo, existem pelo menos dois restaurantes indianos em Londres que têm estrelas — e estrelas bem-merecidas também. Segundo, nosso trabalho sempre foi recompensado quase que imediatamente pelo Michelin — você só precisa ver o que aconteceu comigo no Aubergine para perceber. Mais recentemente, Jason Atherton conseguiu sua primeira estrela do Michelin pouco mais de seis meses de o Maze ter sido inaugurado. O guia Michelin tem cerca de 90 anos, e ainda não existe nada que se compare à sua exatidão. Os inspetores realmente sabem o que estão fazendo; eles vão ao restaurante com certa frequência, então não é só uma questão de terem aparecido em um bom dia. Perder alguma das minhas estrelas seria como uma morte para mim; quero ganhar estrelas, e não perdê-las. Quero ter tantas, se não mais, que o grande Alain Ducasse, que tem catorze e é o primeiro chef a comandar três restaurantes três estrelas simultaneamente (e em dois continentes). Quando as pessoas analisam a nossa expansão e perguntam se consigo manter o padrão da comida elevado mesmo com tantos restaurantes para cuidar, Ducasse é o homem para quem aponto. Se ele consegue, eu também consigo. Mas se eu perdesse uma estrela, não sairia por aí reclamando e dizendo que o guia era uma merda. Eu trabalharia que nem um corno para consegui-la de volta, assim como Alain Ducasse fez em Mônaco.

Minha terceira estrela não foi importante apenas por ser a terceira: ela significou que coisas maiores e melhores estavam por vir. Era como um anúncio de intenção. Boatos de que eu ia comandar a cozinha no hotel Claridge's, em Mayfair, começaram a se espalhar por Londres — boatos que, de fato, não eram exatamente verdadeiros. É claro que algumas pessoas não acreditaram. A situação era que John Williams, o maître chef de *cuisines* de lá, estava sendo deslocado para tomar conta do serviço de quarto e do bufê. Mas será que um hotel distinto, ilustre e histórico estaria interessado em alguém como eu? E será que eu ia conseguir colocar meu nome em cima da porta, ou o hotel valorizaria demais sua própria identidade para fazer algo do tipo? A maioria dos críticos previu um conflito entre poderes que me faria abandonar o jogo.

Mas eles estavam errados.

Foi nessa fase que começamos uma relação maravilhosa, que, além de durar muitos anos, também nos levou à Europa e aos Estados Unidos, garantindo um rendimento de mais de um bilhão de dólares nos dez anos seguintes.

Fomos chamados para uma reunião com o gerente geral do Claridge's, e Chris foi encontrar com ele. Foi nos escritórios do mezanino que Chris conheceu o visionário genial John Ceriale, do Blackstone Private Equity, que imediatamente lançou um desafio perguntando se eu estaria feliz em tomar conta do café da manhã se ficássemos no comando do restaurante. Chefs odeiam fazer café da manhã, e Chris sabia disso. Era óbvio que não havíamos sido os primeiros a serem convidados a fazer isso (acho que éramos os últimos da lista), então Chris, com sua sagacidade, aceitou. Mais tarde ele confessou que imaginara como me contaria essa notícia, dizendo até que, caso fosse um problema, ele mesmo faria o café da manhã. Deus me livre.

Ambos estávamos pensando as mesmas duas coisas. A primeira era que não íamos desperdiçar aquela oportunidade maravilhosa, e a segunda, que um serviço de café da manhã bem-sucedido pagaria o aluguel, deixando o rendimento do almoço e do jantar para nós.

As negociações começaram e um acordo foi fechado. Eu teria a permissão de colocar meu nome em cima da porta, e mais: meu restaurante teria uma entrada exclusiva. Em outras palavras, teríamos a nossa própria identidade, mas precisaríamos compartilhar a excelência associada ao Claridge's. Eu estava muito animado. Para mim, era muito importante. Com seu estilo de glamour antigo, o hotel é um lugar que sempre adorei. Além do mais, sua história é inacreditável.

O Claridge's está aberto de uma maneira ou de outra desde 1812, e todo mundo já o visitou, desde a Rainha Victoria a Margaret Thatcher, Donatella Versace a David Beckham. Sempre quis muito levar Tana a esse lugar.

Eu sabia, porém, que as pessoas pegariam muito no meu pé quando fosse para lá: o menino da casa pobre andando por uma das melhores caixas de joia art déco de Londres. Isso me deixava nervoso, então teimei em fazer tudo muito certo. Quando o Blackstone foi inaugurado, em outubro de 2001, havíamos gastado uns 2 milhões de libras para renovar o restaurante, reduzindo sua capacidade de 120 pessoas para 65. Escolhemos um estilo art déco para acompanhar perfeitamente o restante do hotel, um projeto que foi comandado pelo designer novaiorquino Thierry Despont, que também fora responsável pela restauração do foyer do hotel alguns anos antes. O ambiente, com tonalidades da minha cor preferida, berinjela, é incrivelmente arejado e elegante; eu mesmo escolhi a louça, os copos e os talheres.

Eu estava determinado a gerenciar as cozinhas no Claridge's e a cozinha no Royal Hospital Road ao mesmo tempo. Muitas pessoas disseram que seriam impossível, que eu estava assumindo responsabilidades demais. Tudo que digo é que muitas pessoas queriam estar no meu lugar, mas não conseguiram. Dei sorte porque tinha um excelente braço direito para me acompanhar no Claridge's: Mark Sargeant. Mas também cronometrei o tempo que levava de carro de Mayfair a Chelsea, e eram apenas sete minutos e trinta segundos. Pareceu-me perfeitamente possível, caso fosse necessário, poderia migrar de um lugar a outro. Eu estava totalmente animado, então havia muita coisa em jogo.

Passamos muito tempo experimentando os cardápios. Testamos pratos novos várias vezes, até ficarem perfeitos. Como resultado, o cardápio no Claridge's ficou, e ainda é, excelente. Você pode começar com um prato maravilhoso como a enguia defumada e a sopa de aipo com batatas ratte e ovo de codorna escaldado; depois seguir para um assado de coxa de borrego Cornish, servida com pá de borrego confeitada, purê de feijão branco, alho-poró e molho de alecrim; terminando com uma tarte tatin caramelizada, temperada com cardamomo e sorvete de baunilha. Ou, se você prefere alguma coisa mais leve, pode começar com sopa fria de melão Charentais, servida com um vinagrete de caranguejo Cornish, depois comer alevino de perca do mar assado, servido com erva-doce assada e alho confeitado, e terminar com laranja de polpa vermelha semi-freddo, com um sorbet de chá Earl Grey e grapefruit rosa glaceada.

Nossos clientes não são apenas homens de terno com contas de despesa, muitos deles são mulheres, e muitas delas vêm de outras cidades. Considero isso um tributo a um cardápio fantástico e equilibrado, e, com certeza, é um dos motivos para o Claridge's ter se tornado um sucesso imediato. Na nossa primeira semana, recebemos mais de quinhentas ligações e cerca de trezentos faxes pedindo reservas. Apenas na nossa segunda semana de existência, recebemos cerca de 1.500 clientes.

Alguns dos clientes regulares do hotel não ficaram nada felizes. Um dia, um deles veio falar comigo no saguão:

— Jovem — disse ela —, eu estava esperando por você. Venho almoçar aqui há 42 anos, e agora me disseram que não havia mesa para mim.

Pedi desculpa e perguntei se ela havia tentado fazer reserva.

— Eu nunca tive de fazer reserva antes, e não pretendo começar agora — disse.

Ela, então, me disse como estava chocada em ver o restaurante cheio daquele jeito. O que acontecera, ela imaginou, com os dias quando uma pessoa podia ter um almoço tranquilo com uma amiga sem "toda essa falação"? Fiquei sem palavras.

Agora estávamos a caminho. Um precedente havia sido estabelecido: era possível, sim, gerenciar mais de um restaurante com o mesmo nível de qualidade (o restaurante no Claridge's logo recebeu uma estrela do Michelin).

Meu próximo projeto era abrir um restaurante em Glasgow. Essa ideia me era muito cara, por motivos óbvios, apesar de não ter nada a ver com a questão de provar alguma coisa; eu simplesmente gostava da ideia de fazer sucesso lá. Então, abrimos o restaurante Amaryllis, de setenta lugares, dentro do One Devonshire Gardens, que havia se tornado o hotel mais procurado de Glasgow na época. Obviamente, a cidade de Glasgow não era mais a que eu conhecera na infância, e sim um mundo diferente. Glasgow foi a primeira cidade britânica a ter uma loja da Versace, depois de Londres, e quando você for a Glasgow vai saber por quê. A cidade está muito glamorosa, e achei que finalmente haveria um mercado para o nosso ramo da culinária. Assim que abri o restaurante, David Dempsey e as aclamações começaram a aparecer. Uma crítica descreveu a comida como de um nível não disponível em nenhum outro lugar da Escócia — e ela estava certa. Era sensacional. Depois de um ano, o Amaryllis ganhou uma estrela do Michelin.

Depois disso, começamos a abrir restaurantes a torto e à direito. Em 2002, a pedido dos nossos sócios do Blackstone, abrimos um restaurante no The Connaught, em Mayfair. O The Connaught é um lugar muito especial — foi nomeado em homenagem ao terceiro filho da Rainha Victoria —, mas a churrascaria de lá, apesar de ser um ambiente lindo e almofadado, decorado com quadros caros, havia se tornado pesado demais. Era o tipo de lugar que nos fazia querer falar mal dele. O restaurante contava com a glória que tivera no passado, servindo a mesma carne de sempre, o mesmo linguado, a matronas idosas e coronéis polidos. Nada mudara naquele lugar há anos. A nossa ideia era dar uma agitada lá. O velho chef francês, Michael Bourdain, cuja *haute cuisine* não mudara nem um pouquinho em anos, foi pago para sair, e dois terços dos funcionários foram atrás dele para sei lá onde.

Não importava. Eu ia refazer a churrascaria, fazendo com que Nina Campbell redecorasse o lugar, e colocando lá Angela Hartnett, uma cozinheira brilhante que me acompanhava desde os dias do Aubergine. Ela era descendente de italianos, e o cardápio seria influenciado pela culinária italiana moderna — algo completamente novo para nós. Concordei que a nossa mudança para o The Connaught poderia ser filmada pela série de negócios *Trouble at the Top*, do BBC2.

A publicidade seria boa tanto para o restaurante quanto para Angela, que trabalhava em equipe comigo. Ela lidava comigo e com as câmeras de maneira admirável. O restaurante, depois que as reclamações das matronas cessaram, foi um grande sucesso entre os críticos e o público, e o restaurante de Angela, Menu, ganhou uma estrela do Michelin em 2004.

Depois da experiência no The Connaught, que envolvia riscos e dificuldades, tenho de admitir que sentia que qualquer coisa era possível. Por outro lado, eu nunca fico satisfeito, e quando a ideia de ir para o The Savoy Grill surgiu, eu ainda não conseguia acreditar totalmente. E eu achava que o The Connaught era limitado! O The Savoy é provavelmente um dos hotéis mais famosos de Londres, visitado por todos, desde a realeza até Marilyn Monroe. Elizabeth Taylor passou uma de suas muitas noites de núpcias lá.

Além disso, o The Savoy Grill era, mais do que qualquer outro restaurante de Londres, o local de almoço favorito do *establishment*. Era lá que Winston Churchill costumava comer — após sua morte, a mesa de número quatro, sua preferida, teve seu uso suspenso durante um ano, como sinal de respeito. Num dia de semana comum, era possível encontrar inúmeros membros do gabinete sobre seus banquinhos, devorando a carne sangrenta que lhes era entregue sob uma redoma de prata e que era fatiada sobre a mesa. O The Savoy Grill era muito, muito tradicional, possuindo ainda um carrinho de sobremesas que, meu Deus, se agitava com tortas inglesas e jarros de um creme amarelo, feito a partir do leite do gado Jersey. Mudar tudo aquilo seria como macular o Santo Graal. Uma pequena parte de mim tinha medo, mas a outra, mais perversa, considerava aquela uma ideia fantástica. Afinal, em 1889, quando o hotel foi inaugurado, o chef principal não era ninguém menos que Auguste Escoffier. A comida no The Savoy Grill tinha de ser a melhor possível.

Antes de tudo, o espaço passou por uma remodelação, dessa vez realizada pela designer norte-americana Barbara Barry, que manteve os adoráveis banquinhos, mas impregnou o local com um novo glamour. Ficou mais leve, mais moderno e menos masculino — continuando, porém, a ser o The Savoy Grill, o que era crucial. Na cozinha, se encontrava Marcus Wareing. Naquela época, maio de 2003, o Pétrus fora integrado ao The Berkeley, ao qual, logo depois, se juntaria nosso Boxwood Café — minha sofisticada investida no ramo de lanchonetes ao estilo norte-americano. Em outras palavras, Marcus tentava levar a cabo minha própria artimanha: supervisionar duas cozinhas ao mesmo tempo. Ele reuniu as melhores características do velho Grill — o carrinho de sobremesas, por exemplo, e também pratos como o omelete Arnold Bennett, que continuou a ser servido — e lhes deu uma roupagem mais moderna. Foi um sucesso.

Os críticos adoraram, assim como os clientes — ou a maioria deles. Meu velho amigo Rocco Forte foi alguém que, como se sabe, não ficou satisfeito. Forte era um cliente habitual do Savoy, e se mostrou horrorizado diante da ideia de uma mudança. Portanto, ao assumir o velho Brown's Hotel, na Albemarle Street, ele levou Angelo Maresca, que durante 21 anos fora gerente do The Savoy Grill, para administrar seu novo restaurante — um *grillroom* com "pratos diários a serem fatiados à mesa". O Brown's Grill só veio a abrir após um ano, quando não recebeu boas críticas. E ele também não possui uma estrela do Michelin. Uma pena. Fico com o coração partido.

Desde o Savoy, as coisas para nós têm caminhado de vento em popa. O Boxwood Café, também projetado por Barbara Barry e inspirado em restaurantes nova-iorquinos como o Gramercy Tavern e o Union Square Cafe, se tornou um grande sucesso, provando que estavam errados todos aqueles que me julgavam incapaz de fazer algo além de preparar refeições elegantes. Eu estava determinado a fazer daquele um ambiente propício para as crianças, e ele é o único restaurante onde deixo meus próprios filhos comerem. Gillies é um chef brilhante, sem dúvida, vale a pena cruzar Londres para contemplar a magnificência nova-iorquina de sua culinária.

Mais recentemente, na Grosvenor Square, nós inauguramos o Maze. Jason Atherton, seu chef, revolucionou completamente nossa abordagem aos jantares finos com suas pequenas porções — uma espécie de versão elegante das *tapas* e dos *mezes*. Em um ano, ele ganhou uma estrela do Michelin, e me atrevo a dizer que o bar do Maze é um dos mais glamorosos de Londres. No exterior, abrimos o Verre, no Hilton de Dubai, e o Cerise, no Conrad Tokyo Hotel, em Tóquio. A capital japonesa representou um desafio especialmente animador, pois, na mesma época, Joël Robuchon, meu antigo chefe, estava inaugurando seu próprio negócio por lá.

Enquanto escrevo, em 2006, estamos próximos da inauguração de nosso primeiro restaurante em Nova York. Depois disso, planejamos dar a Angela um restaurante em Miami, abrindo outro em Los Angeles em 2007, junto com nossos grandes sócios da Blackstone. Em Tóquio e em Dubai, não somos donos de nossos estabelecimentos, mas abastecemos as dez equipes mais importantes. Nos outros locais, o restaurante é nosso. Esse é o modelo que melhor funciona conosco, mas, mesmo quando atuamos como consultores, nosso compromisso, sem dúvida, é pleno.

Toda vez que abro um novo restaurante no exterior, os críticos enchem os jornais com aquela velha baboseira de sempre: dizem que estou metendo os pés pelas mãos, que não faço nada além de colocar meu nome em projetos que não consigo de fato administrar, que tudo se resume a vaidade e dinheiro, e não à paixão que se encontrava por trás de, digamos, Aubergine. Isso é uma completa bobagem, claro. Nas semanas que antecedem uma inauguração, permaneço no local a todo momento, com a mão na massa, regulando o ritmo dos chefs, experimentando cada um dos pratos, tudo incessantemente. Sou controlador demais para fazer o contrário, e o resultado disso pode ser encontrado nas resenhas e no fato de nossos restaurantes permanecerem cheios muito depois de o burburinho inicial se esvair. Outro ponto crucial é que todos os chefs são meus: eles trabalharam para mim durante anos e progrediram com o próprio esforço, então confio neles irrestritamente. Não sou um delegante por natureza, mas isso pouco importa quando você está administrando a melhor escola de treinamento do ramo. Desfruto de pessoas em quem posso confiar. As pessoas me perguntam quem cozinha quando não estou por lá, e minha resposta sempre é: "Os mesmos que cozinham quando eu ESTOU por lá."

De qualquer forma, à medida que o grupo cresce, levo comigo uma carta na manga. Meu restaurante na Royal Hospital Road foi reaberto recentemente, após uma reforma milionária que durou todo o verão. A cozinha quase se assemelha a um estúdio, um ambiente de trabalho artístico. Há iluminação superior, e cada uma das tábuas de cortar traz sua própria luminária. É uma cozinha melancólica e descolada.

O que me deixa realmente puto na cozinha? O que me tira do sério? Mentiras.

Os chefs podem cozinhar demais uma vieira, um filé de carne bovina ou um linguado. O que eles não podem fazer, porém, é escondê-lo. Isso realmente me chateia. O problema não é mentirem para mim; quando o fazem, eles estão mentindo para os clientes também, e isso eu não aceito.

Se o cozinheiro é completamente transparente, me olhando nos olhos e dizendo com franqueza: "Sim, chef, aquele prato saiu da cozinha antes que eu pudesse temperá-lo", ele ganha minha confiança. Ele errou, mas ao menos é honesto. Se mentisse, porém, se forçasse a barra, eu precisaria de anos para voltar a confiar nele — isto é, se presumirmos que ele continuaria no cargo. Esta é a primeira coisa que ensinamos aos nossos chefs: não minta. E, ainda que isso aconteça por pânico, por medo de se meter numa enrascada, continua sendo uma grande mentira. Eu não quero soar como um maldito perito no assunto, mas é impossível manter chefs que pensam que o cliente nunca perceberá um errinho qualquer. Não posso deixar que eles o enganem dessa forma. Além disso, pequenos erros fazem a diferença. Um monte deles equivale a uma grande cagada.

A segunda coisa que não suporto são cozinheiros sujos. Eu exijo calças limpas, cabelos limpos, unhas limpas. Quero um chef que se vanglorie da própria aparência. Se ele se orgulha da forma como se apresenta, se orgulhará da forma como prepara os pratos. Todos os meus chefs são impecáveis, independentemente de quão quente esteja a cozinha, do tempo de duração de seu turno. Desde que compramos a ideia da Mesa do Chef — uma mesa localizada bem ao centro da cozinha, onde é possível ver toda a ação acontecendo —, isso se tornou ainda mais importante. Hoje, temos uma Mesa do Chef em todos os nossos restaurantes sofisticados, e em geral suas reservas são feitas com meses de antecedência. Elas são surpreendentemente populares, em especial — o que é irônico — entre as pessoas que desejam um pouco de privacidade para seus convidados. Em 2002, Tony Blair comemorou seu aniversário de 49 anos na Mesa do Chef do Claridge's; ela também foi utilizada por Andrew Lloyd Webber, por Richard e Judy, por Ronnie Wood e por Kate Moss. Só aquela mesa gera um milhão de libras por ano à nossa empresa.

Agora, na teoria, a ideia de comer na cozinha, entre todo aquele suor, aquele vapor e aquele barulho, toda aquela testosterona, parece péssima. Por que alguém gostaria disso? No entanto, nossas cozinhas são reluzentes, organizadas e mais quietas e calmas do que você pode imaginar. Nós temos pratos incríveis e lindos; não somos macacos treinados.

O terceiro elemento que não suporto são os controladores de horário. Não há lugar para eles na cozinha. Você pode estar trabalhando vinte horas sem parar. E daí? É assim que funciona.

Lembro de quando estávamos no Harvey's. Nas noites de domingo, após trabalharmos uma semana de setenta, oitenta, noventa horas, íamos para o Rock Garden, no Covent Garden, assistíamos a uma banda e comíamos um hambúrguer. Então, saíamos a uma ou às duas da manhã e íamos direto para Wandsworth, onde dormíamos nos banquinhos do restaurante e usávamos uma toalha de mesa como lençol, sabendo que não podíamos de forma alguma chegar atrasados na manhã de segunda-feira.

O que entendo por um controlador de horário? Alguém que está mais interessado no último ônibus do que na última mesa.

Muitas vezes, enquanto trabalhava em Paris, eu voltava para casa a pé, e ainda precisava ser o primeiro a estar na cozinha, a fim de esperar que os produtos agrícolas fossem entregues, que chegasse o aipo da seção de hortaliças e a carne bovina da seção de carnes. O ideal é que os cozinheiros cheguem e suas coisas estejam à espera, como um presente de Natal. Eu era o Papai Noel. Se as hortaliças não estivessem lá, eles ficavam putos. Porém, se você organizasse as seções e preparasse tudo, eles se mostravam mais dispostos a ensinar. É preciso puxar alguns sacos para chegar a algum lugar, para aprender. Os controladores de horário não são bons puxadores de saco.

Da mesma forma, na cozinha não há lugar para os filhinhos da mamãe. Os chefs jovens que envolvem seus pais nas coisas estão cometendo um erro gravíssimo. Você está em sua casa até os 16 ou 17 anos; depois, o que lhe resta é a cozinha. As duas são, e devem ser, completamente diferentes. É preciso caminhar sozinho. Se você tem um bom suporte emocional fora da cozinha, ótimo. Isso é uma vantagem. Porém, quando os pais se envolvem na carreira de seus filhos, quando eles começam a dizer: "Acho que meu filho deveria cozinhar peixes agora, pois ele já está na equipe há seis meses", minha resposta é: cai fora. Procure um novo emprego. Sempre encorajamos os chefs a trazerem seus pais para comer no restaurante. Isso faz com que ambos os lados vejam o trabalho com outros olhos. Mas, então, eu lhes faço uma simples pergunta: você quer sair e comer com seus pais? Se eles responderem "sim", se preferirem estar com o papai e a mamãe escolhendo um pudim, receio que logo estarão procurando por um novo emprego.

Porém, há algo que passei a desprezar mais do que qualquer outra coisa: chefs gordos. Disso eu entendo, pois eu mesmo já fui um. E foi por isso que comecei a correr.

Chris foi o culpado. Ele era meu companheiro de squash em 2000, quando, com 110 kg, eu era um cara bem atarracado.

Chris costumava me destruir na quadra. Toda vez em que ficava puto comigo, me levava para lá e me destroçava. Ele acabava com três de uma vez: eu, o aporrinhante, e meus dois cunhados, Adam e Luke. Ele não nos deixava sair até que estivéssemos de joelhos. Eu geralmente ficava louco para vencê-lo, mas a verdade é que não conseguia jogar squash por mais de 15 minutos. De qualquer forma, um dia, após determinada partida, ele pediu que eu pegasse a balança. Desesperado para me mostrar o mais magro possível, eu tirei minha toalha, mas aquilo de nada adiantou: lá estava meu enorme peso. "Você tem de fazer algo quanto a isso", disse ele. "Não jogaremos mais squash; amanhã, faremos uma corrida. Em três meses, você participará da primeira maratona de Londres." Obviamente, ele planejara a coisa toda.

Enquanto corríamos, nós tínhamos pequenos encontros. Eu costumava ficar bastante animado. Corria de Battersea até Mayfair para encontrá-lo, como aquecimento, mas ele apenas me censurava por ter gastado a energia que eu precisaria para correr — o que estava correto. Minha primeira maratona foi terrível. Após dez quilômetros, eu já estava andando. Nossa, foi uma merda. Na hora em que terminei, já estava escuro! No entanto, aquilo me incentivou. Terminei minha primeira maratona em quatro horas e 58 minutos. Até hoje, minha melhor marca é três horas, trinta minutos e 15 segundos, atingida em 2004. Sonho em superar as três horas e meia, o que certamente posso fazer. Na meia maratona, meu tempo mais rápido é o de uma hora e 27 minutos — embora Chris diga que meia maratona é coisa de homem preguiçoso. Correrei em Nova York este ano. E já participei três vezes da Comrades, na África do Sul, onde você corre de Durban a Pietermaritzburg.

Em quanto tempo consigo dizer se um novo cozinheiro dará conta do recado? Em apenas um dia é a resposta, e em uma semana é possível identificar se ele permanecerá comigo durante dois ou cinco anos. Geralmente, quem não aguenta dá o fora em um mês. Isso não quer dizer que eu não ache certo dar oportunidade às pessoas. No início, era difícil jovens cozinheiros ingressarem em nossas cozinhas. Nós tínhamos os Sete Gloriosos — Angela Hartnett, Marcus Wareing, Mark Sargeant, Mark Askew, Stuart Gillies, Neil Ferguson e eu mesmo —, e eles trabalhavam num ritmo tão bom, e num padrão de qualidade tão alto, que era difícil para os novatos ganhar uma chance: o bar era de altíssimo nível. Então, passei a dizer às pessoas que elas poderiam trabalhar durante a folga dos chefs. Eu me lembro de como é preparar banquetes num hotel cinco estrelas, onde todos usam calças xadrez e chapéus enormes, e sei que é gigantesca a diferença entre esse tipo de ambiente, no qual a maioria das pessoas acabará sendo treinada, e um verdadeiro restaurante de ponta. Eu sei que elas *precisam* trabalhar em cozinhas como as nossas. Esse não é o tipo de trabalho no qual é possível comprar uma enciclopédia, lê-la e assimilá-la, colocando, então, tudo em prática. As coisas não funcionam assim. É preciso experimentar.

A maneira mais fácil de um chef me impressionar é através de seus temperos. Parece óbvio, não é? Um pouco de pimenta e sal. No entanto, isso me indica verdadeiramente como é o paladar do cozinheiro. Você pode ser o melhor do mundo na hora de assar uma vieira ou de refogar um linguado, mas, se não conseguir temperar o que fizer, você está perdido. Gosto de lembrar aos jovens chefs como as coisas aconteceram comigo. Ainda tenho a carta que recebi do Mayfair Hotel, informando que eu conseguira um emprego como segundo assistente, nível dois — seja lá o que raios isso quer dizer —, e que receberia 5.400 libras pelo trabalho. Nunca é demais enfatizar que, entre os 18 e 25 anos, o cozinheiro vive um dos períodos mais importantes de sua culinária. Se durante esse tempo ele não se contentou apenas em pegar o trabalho que lhe pagava mais — um emprego como chef executivo de um hotel de segunda categoria, digamos —, então suas chances de sobrevivência são altas. Se ele deu pra trás e aceitou um emprego apenas porque ele lhe pagaria mais alguns milhares de dólares, ou se tornou chef executivo aos 27 anos porque, embora só cozinhasse por sete, aquilo lhe soava bem, ele está em apuros. Eu nunca emprego títulos, porque é impossível regredir nesse ramo. Não se pode se tornar um chef executivo e, depois, aos trinta anos, pensar: "Não aprendi o suficiente. Vou me candidatar a um cargo de assistente com o Gordon Ramsay." Acho que isso acontece com qualquer emprego, só que neste ramo nós somos dez vezes mais cruéis. Ainda assim, hoje sou muito mais paciente do que era nos meus dias de Aubergine. Sei que sou.

A maior parte da minha equipe está empregada há muito tempo, o que é bastante incomum nas cozinhas profissionais, onde a rotatividade dos funcionários tende a ser bem alta. Há um grande número de pessoas por aí que me vê na TV e acha que eu sou um babaca. Uma vez, me colocaram ao lado de Chris Evans e Mohamed Al-Fayed num programinha de merda da ITV intitulado *Britain's Unbearable Bosses*, ou seja, *Chefes insuportáveis do Reino Unido*. Não tem problema; as pessoas que inventam essas bobagens nunca trabalharam comigo, e obviamente sequer se esforçaram para falar com alguém que o tenha feito. Não estou nem aí se um higienista dental chega para mim e diz que não admitiria que sua chefe se comportasse como eu, ou então de forma parecida, com algum de seus funcionários. A cozinha não é um ambiente de trabalho como os outros. As pessoas que trabalharam para mim, e que sobreviveram, adoraram. E eu não estou falando em nome delas: pergunte-lhes, e você verá que estou certo. O que elas recebem de mim é uma honestidade cruel, e isso é de máxima importância.

A humildade é importante quando se está começando. Se um jovem cozinheiro vem trabalhar com seu nome bordado no uniforme, a primeira coisa que faço é arrancá-lo fora. O cara pode passar o resto do dia andando por aí com um mamilo à mostra. Eu nunca usei meu nome no uniforme, e isso acontece até hoje. Quando as pessoas fazem esse tipo de coisa, é patético, constrangedor pra cacete. Elas olham para mim como se eu tivesse ficado maluco. O nome desaparece — bum! —, e elas têm de passar o dia todo com aquele buraco grande e escancarado no meio do peito.

E quanto às mulheres na cozinha? Com o passar dos anos, as atitudes que tomei em público com relação a elas me deram muita dor de cabeça: muitas vezes sou visto como o típico canalha machista. Lembro de quando apareci com Paul Merton na série da BBC *Room 101*. Dei início a um longo discurso sobre as mulheres que dirigem, dizendo como elas são fúteis, como são incapazes de entrar numa vaga pequena, como ficam afobadas e estressadas. Sugeri que elas só pudessem guiar aos domingos. Certa vez, também afirmei — e, na verdade, ainda não consigo acreditar que de fato disse isso — que as mulheres eram um pesadelo no ambiente de trabalho, sempre tirando dias de folga por causa de enjoos matinais e problemas femininos. "Nos meus restaurantes de Londres, os homens falam sobre mulheres gostosas o tempo todo, mas as mulheres não curtem esse tipo de conversa", disse eu. O rebuliço que se seguiu era previsível. Todas as cozinheiras de Londres ficaram no meu pé; segundo elas, eu é que estava sofrendo de tensão pré-menstrual.

A verdade é que eu muitas vezes digo as coisas apenas para provocar as pessoas. Você não tem de levar a sério tudo o que eu falo. Angela é uma das minhas funcionárias mais antigas, além de ser uma das melhores chefs do país. Eu lhe disse que, se for bem-sucedida com seu novo restaurante em Miami, ela tem grandes chances de administrar um negócio próprio em Nova York, uma das capitais mundiais da culinária. Angela, porém, não é a única mulher que emprego. No Claridge's, o substituto de Mark Sargeant é uma mulher, e ela é tão boa que acabará seguindo os passos de Angela e abrindo seu próprio negócio. Hoje, ao todo, devo ter pelo menos meia dúzia de mulheres trabalhando para mim. Isso pode não parecer muita coisa, mas já é um começo: essa profissão sempre foi dominada pelos homens, e os horários não são exatamente compatíveis com os da maternidade. Porém, eu adoro as chefs: elas são inteligentes, aprendem rápido e também sabem ser duronas. Levando em consideração a influência que exercem sobre os rapazes, isso é completamente positivo. Colocando uma mulher na cozinha, ao menos a disciplina vai melhorar: os caras odeiam ser censurados na frente das meninas. É uma coisa de criança; eles simplesmente acham constrangedor.

Acho que minha birra com as cozinheiras se originou no fato de, até poucos anos atrás, grande parte delas só desejar trabalhar com confeitaria. Na Europa continental, na França e, em especial, na Itália, muitas mulheres estavam procurando restaurantes premiados pelo Michelin, mas ainda assim elas pareciam não ter qualquer ambição. O que eu de fato estava dizendo era: parem de se preocupar com seus *fondants*, seus bolos de Natal e seus pudins de sebo e entrem na cozinha propriamente dita. Aí, sim, vocês poderão se tornar o que quiserem. Eu nunca disse que as mulheres não sabem cozinhar. Minha inquietação estava apenas no fato de, em nosso país, as mulheres não se esforçarem para ocupar cargos executivos, como acontecia na França, na Sardenha ou em Mônaco. No entanto, Angela provou que, se as mulheres firmarem esse objetivo, elas podem alcançá-lo.

Quando Angela estava em treinamento, nós a enviamos para o Dal Pescatore, um restaurante localizado bem nos arredores de Verona. Sua chef executiva era Nadia Santini, que possui três estrelas do Michelin. No Dal Pescatore, são as mulheres que estão na cozinha, e os homens ficam apenas observando. Depois disso, nós a mandamos para Dubai, a fim de que administrasse a cozinha do Verre. Eu lhe disse que era uma cozinheira talentosa, mas que ela deveria gerenciar não apenas uma cozinha, mas tudo o que, no hotel, estivesse relacionado às refeições e às bebidas. Ela tinha o desejo de abrir um restaurante italiano num porão que encontrara. Nós lhe demos apoio, mas, quando vimos o arrendamento, ficou claro que ela teria de ralar durante cinco anos para pagar o empréstimo e que, ao final daquele período, ela não teria onde cair morta. Portanto, Dubai representou uma espécie de período sabático para Angela.

"Se tudo der certo, juro por Deus que, assim que achar minha próxima locação, ela será sua", afirmei. Então, ela foi para Dubai e encarou tudo com muita tranquilidade. Angela pode ser extremamente exigente quando quer. Depois disso, nós lhe demos o The Connaught: a Blackstone entendeu imediatamente qual era a dela, então ela obteve conosco suas próprias ações e um ótimo pacote salarial. Hoje, Angela administra um dos restaurantes mais populares do grupo. Seu giro comercial se aproxima de 7 milhões de libras ao ano. Nós lhe daremos suporte quando, à moda antiga, inaugurar em Miami o negócio que administrará junto com o The Connaught. As coisas estão começando a acontecer para Angela, e eu não poderia estar mais orgulhoso e feliz. Ela está terminando um livro e aparecerá algumas vezes na TV; se tudo der certo em Miami, ela vai parar em Nova York, onde as cozinhas são mais masculinas do que vocês podem imaginar.

Na minha visão, a culinária me proporcionou uma carreira incrível e milhões de oportunidades que, não fosse por ela, eu não teria. Após eles terem se envolvido, quero que continuem progredindo. De maneira mais específica, preciso que, à medida que crescem, eles administrem os negócios. Sempre receamos que as pessoas boas saiam — ou sejam roubadas —, mas, quando elas se tornam parceiras, quando têm participação acionária na empresa, isso se torna cada vez mais improvável.

Com que frequência, então, estou pessoalmente na cozinha? Bem, apesar dos negócios, de todas as viagens, dos meus compromissos televisivos, das receitas que escrevo para o *The Times*, dos meus livros e de todas as inúmeras coisas que tomam meu tempo, ainda me desloco decisivamente para os restaurantes da Royal Hospital Road três ou quatro vezes por semanas e em três ou quatro horários de almoço.

O Royal Hospital Road é meu principal restaurante, mas possui apenas 12 mesas, totalizando quarenta lugares. Ele permanece fechado nos finais de semana, e a mesma equipe trabalha nos almoços e nos jantares. Não existe turno da manhã, turno da noite, finais de semana alternados... É tudo sistemático. Infalível.

O espaço é perfeito — é como comer dentro de uma maldita bolsa Chanel. De fato, é interessante pensar nele em termos de moda. Uma loja de marca tem peças de alta costura e peças prontas para o uso. As peças sofisticadas vendem o nome da marca e todos os seus acessórios. O Royal Hospital Road é a peça de alta costura de nosso negócio. Ele prepara pratos sob encomenda para clientes diferenciados. Isso não quer dizer que não faça a sua parte financeiramente. Nós geramos mais de três milhões de libras ao ano e lucramos entre 500 e 750 mil libras durante o mesmo período — tudo a partir daquele minúsculo restaurante. Diariamente, recebemos de quinhentas a seiscentas ligações procurando por reservas — e isso para 360 refeições noturnas por semana. Dizer que há uma lista de espera é subestimar os fatos. A lista de uma única semana poderia encher a sala de jantar do Claridge's três vezes. Assim que ela chega a trinta ou quarenta mesas, precisamos parar de anotar todo e qualquer nome — é simplesmente constrangedor, porque aquelas pessoas nunca conseguirão entrar.

O que leva um restaurante a ganhar três estrelas do Michelin? Consistência. Toda noite é necessário se preocupar com o próprio desempenho. As pessoas tendem a dizer: "meu Deus, o Natal deve ser um pesadelo para vocês." Não, isso não é verdade. Janeiro é igual a dezembro. Maio é igual a março. O cardápio é sazonal e sofre alterações a cada nove ou doze semanas. Mudamos metade dos pratos em determinada semana e, na outra, o restante. Nada deve acontecer casualmente. Afinal, é isso o que mais prezamos.

É claro, porém, que houve fracassos. Eu estaria mentindo se dissesse o contrário. No início da década de 1990, eu me envolvi num empreendimento que contava com Lee Chapman, ex-jogador do Leeds United, e sua esposa, a atriz de TV Leslie Ash. Eles estavam começando no ramo dos restaurantes, montando o Teatro, uma sala de jantar e um clube privado localizados na Shaftesbury Avenue, no distrito londrino de Soho. Eles queriam que eu desempenhasse o papel de chef executivo, desenvolvendo cardápios e estabelecendo os padrões da cozinha.

Pedi a Stuart Gillies que ficasse responsável pela culinária, e todos os 16 funcionários que foram trabalhar com ele haviam sido testados em alguma de minhas cozinhas. No início, tudo funcionou bem. O restaurante recebeu ótimas críticas — a comida era extremamente boa, como o previsto — e o local estava sempre lotado: até mesmo Gordon Brown desceu de seu trono e se permitiu uma noite por lá. Porém, nos bastidores, as coisas não estavam às mil maravilhas. Como todos nós sabemos, Chapman e Ash têm um relacionamento difícil, que muitas vezes os levou a estampar os tabloides. Eu logo decidi me preservar e caí fora.

Não quero constranger ninguém, mas, para todos aqueles que me conhecem, não há dúvidas de que, graças ao meu pai, não sou capaz de tolerar certo tipo de agressão masculina. Por vezes, Lee conseguia ser bastante ofensivo. Ele desfrutava do local como se aquele fosse seu clube particular, e gostava de ser visto enquanto cumprimentava e falava com qualquer celebridade que estivesse por lá. Comigo as coisas nunca foram assim — acho que os clientes preferem que o dono dos restaurantes, assim como seus chefs, permaneça com discrição nos bastidores. Eu não gostava da forma como ele tratava a equipe. Lee tendia a dominá-la, embora quase não tivesse experiência no ramo dos restaurantes. É inaceitável tratar as pessoas daquela maneira, e, se o fizer, você nunca obterá delas tudo o que elas têm a oferecer. Receio que eu não tenha me surpreendido com nenhum dos problemas que ele e Leslie tiveram desde então e que foram amplamente divulgados. Fiquei aliviado por termos saído naquele momento, mas a experiência ao menos nos levou a estabelecer bons parâmetros de trabalho quando, posteriormente, participamos de outros projetos de consultoria.

O Amaryllis foi outro fracasso. Ele era um restaurante esplêndido, de longe o melhor da Escócia, mas hoje não tenho certeza se o país estava preparado para uma comida daquele nível e com aqueles preços. Não se esqueça de que a Escócia é o país das barras fritas de chocolate Mars e do maldito sanduíche de Nutella frito. O restaurante estava sempre lotado nos fins de semana, mas isso não acontecia durante a semana. Aquele era um restaurante utilizado em ocasiões especiais, um lugar para onde os habitantes de Glasgow só cogitavam ir quando queriam comemorar algo, e nós precisávamos de mais clientes habituais para manter as portas abertas. Como consequência, passamos a operar com prejuízos: em três anos de negócio, perdemos 480 mil libras. Por fim, decidimos que não dava para continuar. Nenhum chef, independentemente de seu brilhantismo, consegue manter um restaurante aberto tendo apenas duas noites boas por semana — e isso afeta tanto os cofres quanto a qualidade, pois os bons cozinheiros se aprimoram sob o efeito da adrenalina. Portanto, em janeiro de 2004, o Amaryllis fechou suas portas. Eu fiquei extremamente triste. Acho que interpretamos mal o mercado.

Aquela foi uma grande curva de aprendizagem, e, desde então, sempre que planejamos um restaurante numa nova cidade, somos extremamente cuidadosos em nossas pesquisas, no intuito de descobrir o que as pessoas de fato querem. No futuro, eu adoraria abrir outro restaurante em Glasgow — eu adoro aquele lugar, além de ter muito orgulho de minhas raízes escocesas. No entanto, da próxima vez, acho que tentaremos algo um pouco mais informal. É uma questão de contexto.

Um erro mais recente foi nossa relação com Ian Pengelley. Com ele, aprendi que, no futuro, os chefs treinados pelo Gordon Ramsay Group deveriam ser os únicos a receber nosso apoio financeiro. Pengelly, que trabalhara no renomado restaurante asiático E&O, em Notting Hill, foi o primeiro chef de fora do grupo a receber nosso suporte, e acredito que é justo afirmar que as coisas foram desastrosas desde o início — uma merda completa. Nós o ajudamos a se instalar em um restaurante da Sloane Street, em Knightsbridge, onde antigamente ficava o Monte's. Porém, o estabelecimento durou menos de um ano, e desde então rompemos todos os laços que tínhamos com ele. As críticas foram péssimas, a cozinha era um caos completo e havia uma grande diferença entre seu conceito de restaurante e o nosso. O cara tinha o costume de trabalhar de chinelos. E também bebendo, como veio a admitir para a imprensa. No final do ano passado, nós finalmente fechamos o lugar; estávamos perdendo dinheiro demais para levar o negócio adiante.

Sou o primeiro a admitir que falhamos em nossa análise. Também fui seduzido pelo cardápio de Pengelley, por sua lula salgada com chile, por suas influências japonesas e tailandesas. Nosso compromisso foi grande porque, antes da inauguração, o enviáramos para o Vietnã, a fim de que passasse três meses sabáticos pesquisando receitas; ele partiu com Jason Atherton, pouco antes de este abrir o Maze.

Ian nos contou tudo sobre uma escola de culinária que envia as pessoas para uma aldeia nas montanhas; por 500 dólares, é possível ficar com uma família que ensina as maneiras clássicas de utilizar os ingredientes vietnamitas. Essa ideia me cativou porque parecia perfeita: os chefs aprenderiam novas técnicas e receitas, e a família ganharia dólares o suficiente para comprar uma pequena faixa de terra ao final da experiência.

A inauguração do Maze e do Pengelley's estava prevista para a mesma época, no verão anterior. Com o Pengelley's, eu não estava tão nervoso; estávamos investindo nele, mas caberia a Ian fazer do estabelecimento um sucesso. Com o Maze, eu estava me cagando. Jason é prata da casa, e estávamos tentando algo novo. A ideia era os clientes pedirem meia dúzia de pequenos pratos, e então a equipe os serviria na ordem que o chef julgasse mais conveniente.

Nada do que fizéramos se parecia com aquilo, e eu sabia que todos estariam de olho, que os críticos estariam de plantão à nossa porta, com as línguas de fora, prontos para nos humilhar caso fracassássemos — portanto, sim, eu estava nervoso.

Duas horas antes de as portas se abrirem, recebi uma ligação de Jason.

— Preciso falar com você urgentemente — disse ele.

Minha mãe, Helen, a segunda da direita para a esquerda, antes de se casar, com algumas colegas do asilo onde trabalhavam. É de partir o coração vê-la tão jovem, linda e cheia de esperança.

Este sou eu, com cerca de 4 anos, em Glasgow. Fofinho, não?

Eu e Diane, minha irmã mais velha.
Estávamos fingindo tocar os violões do papai.

Esta é uma fotografia da escola. Estou à esquerda, e tinha cerca de 7 anos;
no meio está minha irmã mais nova, Yvonne, e Ronnie à direita.

Uma das fotos de divulgação de meu pai na época de Banbury.

BOYS' UNDER 14s
Sackville Rovers 6,
Badsey Colts 5

IT needed extra time before this very exciting and close game was settled.

Sackville took the lead after 30 seconds with a goal from Keaney. Davies levelled for Badsey with the first of his three goals.

The play was very even with both goalkeepers given plenty to do. Ramsey scored for Sackville, only to see Badsey level again when Davies scored from a penalty. He soon completed his scoring for the afternoon giving Badsey the lead. Hensher scored for Sackville on the stroke of half time, to make the score at the interval 3-3.

Badsey broke through for Tropman to score for the visitors to take the lead again. They held on to their lead till near the end of normal time when Ramsey scored for Sackville to take the game into extra time.

The home team scored with a goal from Compton only for Badsey to equalise through Tropman.

When a replay seemed certain Sackville scored the winner when Bath scored from a cross from Ramsey.

Both teams deserved the highest compliments on a very good game played under tricky conditions.

Sackville Rovers 6 Alveston 3

ALVESTON put Sackville's defence under a lot of pressure in the first ten minutes, but failed to make the most of some fine attacks with Gillett, the Sackville keeper, being able to cope well.

Sackville scored with their first real attack when Ramsey ran on to a through ball from the midfield to beat Bedwin with a well placed shot.

The play was very even with both sides going close to adding to the score. It fell to Ramsey to score the second of his four goals after twenty minutes.

Alveston soon got into their stride after the interval, and Jeremy Graham scored with a well-taken goal, shooting through a ruck of players. Within a minute Alister Graham put the teams level with a long shot.

Sackville picked themselves up after these setbacks and were soon back in front with Ramsey completing his scoring with two well-taken goals to give his side a 4-2 lead. Harper made it five for the home team.

The visitors were still playing well and got their third goal when they were awarded a penalty. Jeremy Graham converted.

Harper ended the scoring for the afternoon when he ran onto a very good chip from Trinder to beat the visitors' keeper with a low shot.

South Warwickshire Schools Football Association
Oxford United Cup
South Warwickshire Schools U13s 1, Swindon Schools U13s 4

SOUTH Warwickshire Under 13s failed to qualify for the finals of this competition losing to Swindon boys in a fine display of schools' soccer.

On a sticky Studley pitch the home side opened strongly and pressed for most of the first 15 minutes and indeed after constant pressure a Swindon defender headed against his own bar from a cross by Macer Nash, following fine work by Gordon Ramsey.

Somewhat against the run of play the visitors took the lead when the central striker scored with a speculative shot from 25 yards.

The second half saw Swindon steadily take over the dominant role with some aggressive ball winning and some fine close passing movements and soon they added an excellent second goal.

Meanwhile, the hero of the hour was turning out to be their goalkeeper, John Barnes, who having made three excellent first half saves added to them with a string of fine handling and blocking saves. He nearly made a brilliant two-handed save for Swindon's third goal but the ball unluckily dropped under the bar. Further pressure and an early cross caused havoc in the home defence and the ball was turned in at the far post.

The scoreline somewhat flattered Swindon and a goal was no more than South Warwickshire deserved. Five minutes from time Nash was

but
to
man
who
make th
Metrop

Team: J Barnes (Greville), H Mackinnon (Henley), G Mason (Alcester), A Haines (Stratford), N Niblet (Stratford), M Walke (Henley), A Hill (Studley), Bath (Stratford), I Wilso (Greville), M Nash (Bidford), Ramsey (Stratford), S Syk (Henley).

Stratford Alliance U14
Sackville Rovers 6 Mill Utd 1

IN a very even and exciting first half both sides scored through defensive errors. Sackville were the first to score when Gordon Ramsey beat the Mill keeper to a poor back pass after 15 minutes. Ten minutes later Mill were level when Ben Richardson took advantage of a defensive mix-up to shoot home.

Ten minutes into the second half Mark Hensher ran onto a through ball from Ramsey to put Sackville in front. From then on it was all Sackville. Their third came when Ramsey pushed home a Jardine cross. Hensher got the fourth after good midfield work by Bath.

Ramsey completed a hat-trick, his second in consecutive games and Mark Trinder rounded things off for Sackville after some persistent play.

Alveston 3
Sackville Rovers 5

HUNT gave Alveston an early lead but Sackville's Bath equalised a few minutes later.

Bath scored a second goal to give Sackville a 2-1 lead approaching half time but Wallington managed to pull back the deficit just before the break. Half time 2-2.

Ramsey gave Sackville the lead yet again but Alveston took advantage of a poor clearance and Bayliss scored to make it 3-3.

Ramsey scored again with the goal of the match when he beat three players on the edge of the area before shooting high into the net.

And Bath completed his hat-trick to give Sackville a 5-3 win.

ESQUERDA: Minhas primeiras aparições nas colunas dos jornais.

Exibindo nossas medalhas. Sou o terceiro da esquerda para a direita.

Copa sub-13 das escolas do sul de Warwickshire. Estou na fileira em pé, o terceiro a partir da esquerda.

Team picture of Sackville Rovers at the Stratford Town ground who beat Badsey Juniors 10-1 last Sunday in a Stratford Alliance Boys' U14 match. Back row (from left) Paul Charman, Steve Morris, Craig Edkins, Adrian Gillett, Andre[illegible]aines, Kevin Bath, Gordon Ramsey. Front row (from left) Nigel Harper, Darren Gr[illegible]w Barrowman, Mark Hensher, Garry Compton and [illegible]ascot Philip Andrews.

Foto do time de Sackville Rovers no clube Stratford Town. Estou na fileira em pé, na ponta direita.

Eu, aos 11 anos, vestindo o uniforme do Stratford Town Juniors. À esquerda, Kevin Bath, conhecido como "Bathy"; à direita está Mark Hensher.

Eu, papai e Ronnie em Torquay, em 1979. Meu pai tinha 36 anos, eu tinha por volta de 12 e Ronnie, 11.

Pescando em Brixham, Devon, com meu pai. Eu tinha 12 anos. Seguro um peixe-agulha, uma espécie que tende a nadar na frente de cardumes de carapau. O peixe é do tamanho do meu pinto...

Esta foto foi tirada na época do Rangers – jogadores da primeira equipe e da equipe juvenil reunidos para uma partida contra East Kilbride em homenagem aos jogadores do clube. Estou na segunda fileira, na ponta esquerda. Na ponta direita da mesma fileira está Ally McCoist, que havia acabado de entrar para a primeira equipe. Na fileira da frente, na ponta esquerda, está Derek Ferguson, futuro capitão da seleção da Escócia. Ian Ferguson está na última fileira, na ponta esquerda, e Dave McPherson está no meio da última fileira.

Eu, com 16 anos, na foto com Broughton e North Newington FC, meu time de sábado em Banbury. Veja só quantos *mullets*!

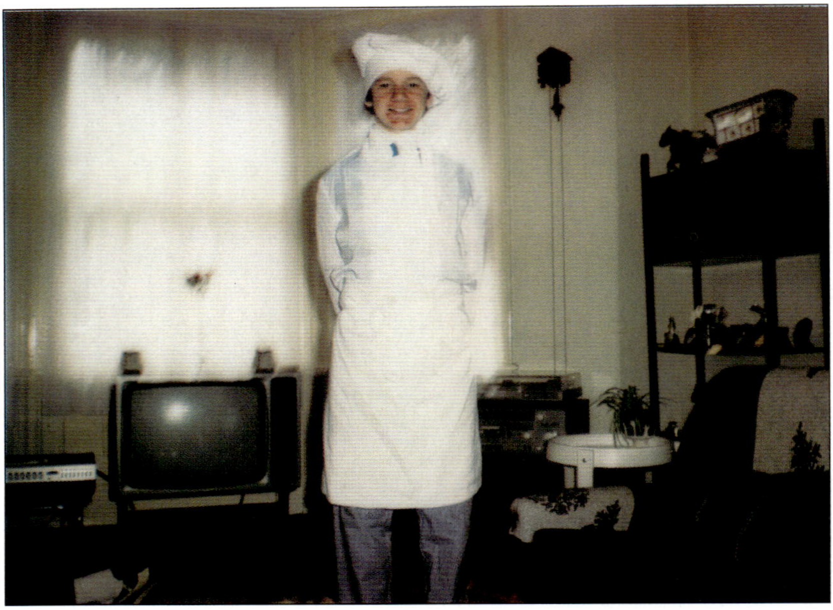

Eu vestindo o primeiro uniforme de chef, comprado pela Banbury Round Table. Tinha muito orgulho desse uniforme. Hoje, é claro, acho que pareço um completo idiota. Não o vestiria nem morto.

Eu nas Ilhas Virgens Britânicas, na época em que trabalhava para Reg Grundy em seu iate particular. Preciso desesperadamente de um corte de cabelo.

Susan George me entregando o prêmio nacional de Chef do Ano de 1992.

Com um dos meus mentores, Albert Roux, no Aubergine para o lançamento do meu primeiro livro de receitas, *Passion for Flavour*, em setembro de 1996. Minha aparência jovem e distinta é inacreditável.

Eu com Marco no Harvey's, em 1989. Nessa época, eu já era seu sous chef. Estamos temperando os salmonetes.

Com Marco, quando éramos mais amigos. Acho que esta foto foi tirada no casamento dele com Mati em 2000.

Os funcionários do Aubergine. A foto foi tirada quando ganhamos a primeira estrela do Michelin em 1995. É uma fotografia fantástica porque muitas dessas pessoas ainda trabalham comigo. Os dois homens de gravata à minha direita são Dominic e Jean-Christophe. Hoje, Dominic é gerente do restaurante no Claridge's, e JC tem a mesma função no restaurante da Royal Hospital Road. À minha esquerda você pode ver a jovem Angela Hartnett. Do lado dela está Mark Askew, chef executivo da cadeia de restaurantes Gordon Ramsay. À esquerda dele está Freddie Foster, chef executivo em Dubai. Agachado à extrema direita da foto está o jovem Neil Ferguson, que está prestes a abrir nosso restaurante em Nova York.

Eu e Tana, antes de nos casarmos, no lançamento de *Passion for Flavour*.

Nosso casamento em dezembro de 1997. Nos casamos em uma igreja em Little Boltons, Chelsea, e a festa, com 280 convidados, foi no Café Royal.

A chegada de nossa primeira filha, Megan, em maio de 1998. Ela nasceu em uma época difícil e sempre será especial.

Liberdade! Finalmente, meu próprio restaurante. Na frente do Gordon Ramsay na Royal Hospital Road, em setembro de 1998.

© John Paul Brooke

Megan com os gêmeos, Jack e Holly, que nasceram na virada do milênio.

Boiling Point, a controversa série do Channel 4. Meu temperamento era tão explosivo quanto uma panela flambada.

© EPA/Gerry Penny/Corbis

Mais discussões com Abi Titmuss no *Hell's Kitchen* do ITV. Ela me deixava louco.

Vic Reeves falando comigo no balcão durante o *Hell's Kitchen*. Ele pediu torrada com ovos. "Eles fazem para mim no The Ivy", disse. E a minha resposta foi: "Então vá pra porra do The Ivy."

Com Tana, grávida de Matilda, e minha mãe na inauguração do Claridge's em 2001.

A Maratona de Londres
em 2002. Vamos lá!

Com Sua Realeza Príncipe William
no Sport Relief em 2004.

Momma Cherri, dona de um restaurante de comida sulista norte-americana em Brighton, um dos lugares que visitei na primeira temporada do *Kitchen Nightmares*. Realmente conseguimos resolver os problemas de Momma Cherri. Seu negócio foi tão bem-sucedido que ela abriu um segundo restaurante.

Com Gillian McKeith e Jimmy Carr, depois de receber meu BAFTA por *Kitchen Nightmares* em 2005. Eu estava muito feliz.

Em Los Angeles para o lançamento do *Hell's Kitchen* americano em 2005.

© Mirrorpix

Com a minha Brigada de Muppets, mais conhecidos como os competidores da primeira temporada do *Hell's Kitchen* americano. Nos EUA, os participantes não eram celebridades, mas pessoas comuns que queriam se tornar chefs – uma ideia muito melhor para a TV.

© Capital Pictures

© Glen Dearing/Eyevine

© Glen Dearing/Eyevine

Com os perus Norfolk Bronze que tínhamos no quintal para a primeira temporada de *The F Word*: Anthony, Delia, Gary, Jamie e Nigella ganharam esses nomes em homenagem a cozinheiros famosos, e todos, sinto dizer, tiveram um final saboroso.

Com Sir Cliff Richard em *The F Word.* Vendados, degustamos vários vinhos, um deles fabricado por Cliff, feito de uvas plantadas em sua casa em Portugal. Ele disse que eram todos péssimos e que não pagaria por eles. Ficou bem revoltado e constrangido depois.

Com a taça da Copa da Inglaterra, em evento realizado pela Sport Relief no dia 25 de fevereiro de 2003.

© Karwai Tang/Alpha Press

Soccer Aid, em maio de 2006. A final, em Old Trafford, diante de 75 mil pessoas. Robbie Williams era o capitão da Inglaterra, e eu era o capitão do Resto do Mundo.

Consegui jogar o primeiro tempo da final. Na foto discuto a jogada com o juiz, Pierluigi Collina. Estou dizendo: "Aqui é dentro da área! É pênalti!". Ele disse para não tratá-lo como se ele fosse um dos meus garçons.

© Danny Lawson/PA/Empics

Com meu OBE (medalha do Império Britânico, reconhecimento por serviços prestados ao Reino Unido). Um dia maravilhoso.

A família. Nossa pequena surpresa, Matilda, está no colo de Tana.

© John Paul Brooke

— Não me diga — respondi. — Você está querendo desistir. Bem, tarde demais. Acabamos de firmar o acordo, suas ações foram distribuídas, você não gastou um centavo e nosso investimento vale um milhão de libras.

Fui bastante duro com ele, que então disse:

— Eu menti para você.

Vocês já sabem o que eu acho de mentiras.

— Mas que diabos está acontecendo? — disse.

— Sabe aquela viagem ao Vietnã que fiz com o Ian? Para a escola de culinária? Bem, era tudo mentira. Não era nada daquilo.

Basicamente, os dois haviam apenas se divertido.

— Isso tem me incomodado — disse ele. — Eu estava me cagando de medo por ter mentido. Mas tinha receio de perder o emprego.

Após a confissão de Jason, pressionei Ian para ver se ele admitia. Infelizmente, ele não o fez.

O Jason eu perdoei. Afinal, ele confessou, não foi? Mais especificamente, ele é um ótimo cozinheiro, e merece como ninguém sua estrela do Michelin. O Maze recebeu elogios efusivos.

Enquanto isso, Ian Pengelley desapareceu em meio à neblina de North London.

CAPÍTULO 10

RONNIE

Em 2003, eu cheguei ao trabalho após o feriado bancário de maio e encontrei um policial à minha espera. Ele queria que eu o acompanhasse até a delegacia e identificasse um cadáver — um corpo que acreditava ser de David Dempsey, que na época deixara o Amaryllis e trabalhava como chef executivo do Royal Hospital Road.

Diante da notícia, eu fiquei aterrorizado, nauseado, em completa paralisia. David não era apenas alguém que tinha um talento brilhante, ele era um amigo próximo, meu melhor amigo no mundo das cozinhas. Para mim, David era uma espécie de irmão caçula. Tínhamos jantado juntos na noite anterior, e, embora no início o clima estivesse tenso, quando nos despedimos eu não tinha qualquer motivo para preocupação — ou pelo menos não mais do que o normal. Agora a polícia estava me contando que ele caíra de uma altura de 15 metros, do parapeito de uma janela localizada num edifício de Chelsea, após tentar cometer aquilo que, em breve, seria noticiado como um arrombamento malsucedido. Eu quase não conseguia decifrar o que estavam dizendo. No entanto, uma coisa era certa: não existia a menor possibilidade de fazer o que o policial solicitou. Eu simplesmente não conseguiria encarar. Como poderia? No final das contas, pedi a Chris, meu sogro, que fosse.

Quando chegou a notícia de que, sim, era de David o corpo no necrotério, alguns de meus piores medos se tornaram realidade. Logo ficou claro que as drogas tiveram alguma participação em sua morte. Como vocês em breve descobrirão, eu tenho boas razões para desprezar as drogas — razões melhores do que as da maioria —, e não as tolerarei em minhas cozinhas. Para mim, descobrir que David usava drogas era como ver uma juventude sendo desperdiçada — ele tinha apenas 31 anos. Parecia uma espécie de traição. Por que ele fizera aquilo consigo mesmo? Ele tinha tudo o que alguém poderia querer. Uma companheira carinhosa, três filhos pequenos. Uma carreira fantástica. Era de partir o coração.

Na imprensa, muitas vezes ouvia-se dizer que, de alguma forma, David era um reflexo meu, e nunca discordei dessa interpretação. Como eu, ele crescera numa região dura de Glasgow, e, igualmente, sua relação com o pai foi difícil. O pai dele, que era franco-mauritano, saíra de casa e se mudara quando David tinha apenas cinco anos. Assim como aconteceu comigo, essa história o deixou com uma intensa necessidade de aprovação e com uma impressionante inclinação ao trabalho duro. Nunca conheci um homem que trabalhasse com mais afinco do que David. Seu primeiro emprego fora num restaurante indiano localizado na Sauchiehall Street, em Glasgow; porém, quando estava de folga, ele cobria turnos em outras cozinhas, ansioso por vivenciar o maior número de experiências possível.

Tudo isso valeu a pena. Seu primeiro emprego fora de Glasgow foi no Le Manoir aux Quat' Saisons, restaurante de Raymond Blanc que ficava em Oxfordshire. Foi enquanto trabalhava com Raymond que David ouviu falar de mim pela primeira vez. Ele assistiu ao *Boiling Point* na televisão e — meio que zombando dos tais "especialistas em culinária", que insistiam que o programa afastaria as pessoas das cozinhas profissionais — decidiu de imediato que era na minha cozinha que desejava trabalhar. Ela era seu alvo número um, se vocês preferirem assim.

David telefonou para o Aubergine todos os dias até conseguir falar comigo pessoalmente. Aquilo me impressionou. Assim como me impressionou o fato de ter sido o *Boiling Point* a despertar seu interesse; todas as outras pessoas estavam ocupadas me chamando de doido e lunático. Eu disse a David que ele poderia fazer um turno no restaurante e que aquela seria sua única e grande chance de me impressionar. Ele aceitou a oferta antes que vocês pudessem dizer *crème brûlée*.

Em sua primeira manhã de trabalho, lhe entreguei uma caixa de sobras. Esse é um teste do qual gosto muito. Estou em busca de chefs que realmente se importam com os ingredientes, daqueles que se preocupam tanto com algumas cabeças de alho-poró quanto com as trufas brancas ou com um *foie gras* sedoso — da mesma forma como aprendi a me preocupar quando morei em Paris. Quero ver o que eles são capazes de fazer com as sobras não apenas porque é preciso lucrar quando se administra um restaurante, nem porque não se deve desperdiçar as coisas, mas também porque preciso saber que meus funcionários têm tino para a comida, que eles a amam e a compreendem de verdade.

David passou no teste com louvor. Ele também gabaritou o segundo, quando lhe pedi que fizesse uma simples omelete. Um chef que não sabe fazer o básico está fadado ao fracasso. Então, descobri que ele fora para o Aubergine durante sua primeira folga, após ter trabalhado 14 turnos consecutivos no Le Manoir. Aquele era um comprometimento inacreditável. Tive a impressão de que eu e ele poderíamos ter muito em comum e lhe ofereci um emprego na hora. Minha oferta era para o cargo de assistente, o que, diante do que ele fazia no Le Manoir, era tecnicamente um rebaixamento; para mim, aquilo também representava uma espécie de teste. Eu precisava saber o quanto ele queria trabalhar comigo. Precisava saber se ele estava pronto para fazer o que eu sempre fazia ao aceitar um novo emprego em Paris: dar um passo atrás a fim de dar dois outros adiante. Ele disse "sim" na hora — e em poucos meses já havia sido promovido a sous chef. David era um dos homens mais consistentes de minha equipe, e eu o adorava. A única coisa sobre a qual realmente discordávamos era o futebol. Ele era fanático pelo Celtic. Eu costumava perturbá-lo por causa disso, mas ele sempre retribuía no mesmo nível. David era como um cãozinho terrier.

Em 2001, perguntei a ele se não gostaria de voltar a Glasgow para chefiar a cozinha do Amaryllis. Ele não hesitou. Em seguida, fomos juntos à Escócia, dando início a uma turnê culinária e verificando a concorrência. Isso é algo que sempre fazemos quando abrimos um novo restaurante. É preciso saber em que as pessoas estão interessadas, onde o bar está localizado, que tipo de coisas os moradores locais mais gostam de comer. David tinha como ambição gerenciar um restaurante premiado pelo Michelin e estava certo de que o Amaryllis serviria os melhores pratos da Escócia. Eu estaria mentindo se dissesse que tínhamos muita concorrência na terra das barras fritas de chocolate Mars; ainda assim, David se destacou. Ele ganhou sua primeira estrela antes que o restaurante completasse um ano — filho de peixe, peixinho é.

Obviamente, David era temperamental. Como todos sabem, quando um cliente dizia que seu pombo estava malpassado, ele o mandava embora. Por isso, precisávamos sempre estar atentos. Toda vez em que a pressão parecia aumentar, o lembrávamos: devagar, meu chapa, devagar. Para mim, porém, David conseguiria dar conta de tudo. Eu tinha grandes planos para ele.

Enquanto isso, as coisas iam de vento em popa em Londres, e, como eu dividia meu tempo entre o Claridge's e Chelsea, precisava de um chef executivo no Royal Hospital Road. Decidi que David era o cara certo para o cargo, e seria ótimo tê-lo por lá. Em primeiro lugar, eu sabia que ele era confiável. Além disso, era bom tê-lo ao lado para trocar ideias. Tarde da noite, na tranquilidade que reinava após o expediente, nós conversávamos sem parar. E como ele se mostrava? Cheio de energia nervosa — mas isso sempre foi assim. Eu de fato não sabia que preocupações o atormentavam. David tinha problemas financeiros e aparentemente receava estar mais uma vez sofrendo da Doença de Hodgkin, que o acometera quando jovem. Na noite anterior à sua morte, nós fomos até o Harvey Nichols e jantamos no Fifth Floor. A ideia era conversarmos, mas não acerca daquelas preocupações, sobre as quais eu nada sabia; precisávamos resolver algumas questões relacionadas aos funcionários, e era sempre bom saber das novidades. Aquela foi a última vez em que vi David vivo.

Só depois é que fui descobrir o que aconteceu. David escalara um andaime e invadiu um edifício, onde quebrou algumas janelas com um taco de golfe. Ninguém sabia por que ele escolheu aquele prédio, com o qual não possuía qualquer ligação. Alguns moradores ligaram para a polícia. Eles disseram que, embora não os tratasse com violência, David não parecia racional. No entanto, antes que os policiais pudessem alcançá-lo, ele subiu num peitoril externo e tentou subir ao telhado de um prédio vizinho por uma calha. Foi, então, que sua mão perdeu a firmeza e ele caiu.

Sua morte foi declarada às 00h54 pela equipe de uma ambulância.

Eu fiquei profundamente chocado, todos nós ficamos. Tudo aquilo parecia bizarro e inexplicável. No fundo do meu coração, porém, desde o início, eu receava que houvesse drogas envolvidas. Sem dúvida, foi isso o que a imprensa pensou. Assim que a notícia veio a público, os tabloides passaram a investigar por toda parte. Um de nossos sommeliers recebeu uma oferta financeira para contar alguma coisa, seja lá o que fosse. Repórteres começaram a revirar nossas lixeiras em busca de objetos que estivessem relacionados às drogas. Para eles, era como se a morte de David fosse um indício de que eu exigia demais de minha equipe, de que ninguém conseguia encarar um turno em minha cozinha sem uma carreira de cocaína. Aquilo me deixou horrorizado e tive medo de que a verdade sobre o que David usara resultasse num inquérito. Não tolero drogas nas minhas cozinhas e lembrei todos os meus funcionários disso logo após aquela morte. Sabendo que era importante agir com rapidez, expus claramente todas as minhas convicções aos jornais. Nossa política com relação à cocaína ou a qualquer outro entorpecente é de tolerância zero. Durante um tempo, até mesmo cogitei a ideia de pedir que os novos funcionários nos fornecessem amostras de urina, embora, legalmente, aquilo fosse impossível.

No final das contas, descobrimos que, na noite de sua morte, havia álcool e cocaína no sangue de David. Aparentemente, ele teve uma reação bastante incomum ao pó, sofrendo de um conhecido delírio. Segundo o coronel: "O que geralmente ocorre é um ligeiro ataque paranoico, seguido de uma agressividade para com os objetos, em especial o vidro." Fui chamado para depor no inquérito, o que foi terrível. Me senti extremamente culpado por não ter conseguido ajudar David, por não ter identificado a angústia ou a relação com as drogas. Se tivesse percebido isso, teria feito com que ele procurasse o tratamento adequado, sem hesitar. David sempre estava ao meu lado, e eu teria feito o mesmo por ele.

As coisas ficaram difíceis após sua morte. Em entrevistas, disse algumas coisas sobre ele que seus familiares não conseguiram aceitar. Para mim, David ainda estava apaixonado por

Pauline, mãe de seu primeiro filho, embora vivesse com Fiona McClement, com quem tivera as outras duas crianças. Também afirmei que a mãe de David, Eileen, estava tentando colocar a culpa de sua morte em outra pessoa — um assassino, se vocês preferirem. Compreensivamente, era difícil para ela aceitar o lance das drogas; no inquérito, Eileen fez questão de dizer que nunca o flagrou drogado. Porém, meus comentários foram mal interpretados. Aparentemente, havia dito que ela precisava encontrar um assassino, e Eileen reclamou disso para os jornais, me acusando de contar mentiras descaradas, dizendo que para ela era óbvio que não assassinaram David. Hoje em dia, acho que estávamos todos em estado de luto, e muito daquilo que foi dito não deveria ter sido falado.

A irmã de David, Yasmin, afirmou a um jornal escocês que gostaria que ele nunca tivesse me conhecido; dessa forma, talvez ainda continuasse vivo. Tudo o que posso dizer é que eu amava David como um irmão. Precisei de um ano para apagar seu número do meu celular, onde ele estava gravado com seu apelido: "Hector". Eu nunca fiz nada para prejudicá-lo, e até hoje mantenho contato e cuido de seus filhos. Sempre sentirei sua falta. Minha vida não é a mesma sem ele.

Eu disse que David era uma espécie de irmão caçula para mim. Porém, sua morte também me fez pensar em Ronnie, meu verdadeiro irmão menor. Era uma espécie de aviso, acho, um lembrete do que um dia poderia acontecer com ele. Após seu falecimento, David e meu irmão ficaram indissociavelmente ligados em minha cabeça. Eles representavam aquilo que *perdi* para as drogas e aquilo que eu *poderia* vir a perder para elas: Ronnie, como vocês sabem, era viciado em heroína — até onde sei, ele ainda pode ser, embora, no momento em que escrevo isto, ele me diga que está limpo.

Ronnie já foi e voltou da reabilitação uma dúzia de vezes. Quanto a ele, aprendi a não criar muitas expectativas. Acho que me acostumei a esperar pelo pior. A morte de David marcou o momento em que essa espera ganhou uma nova dimensão. Antes, eu sempre conseguia deixar de lado as realidades mais desagradáveis do uso das drogas. Depois, me vi forçado a encarar o fato de elas serem impiedosas. A qualquer momento, as drogas podem vir e roubar as pessoas que você mais ama no mundo.

Ronnie estava sempre metido em problemas, mesmo quando pequeno. Ele era muito ativo e destrutivo, além de fisicamente forte e completamente desconcentrado. Tinha mais coisas em comum com o papai do que eu, sendo também baixinho como ele.

Roonie era o levado, aquele que seguiria os passos de papai. Eu era o anjo; ele, o rottweiler. Como nossa diferença de idade era de apenas 18 meses, competíamos muito um com o outro, e isso era algo que o papai, com seu jeito furtivo e sádico, gostava de encorajar. Lembro-me de uma ocasião em particular — talvez ainda morássemos em Birmingham —, quando as meninas saíram para fazer compras com a mamãe e ficamos apenas os três em casa. Eu não tinha mais do que 11 anos. De qualquer forma, o papai fez com que eu e ele brigássemos. No início era de brincadeira, mas as coisas logo fugiram do controle. Ronnie começou a me dar golpes de boxe tailandês. Recordo apenas de tentar me esconder debaixo de uma mesa, gritando até não poder mais, enquanto ele ainda me espancava. Ele estava acabando comigo. Obviamente, papai não fez nada para dar um basta. Ele só ficou lá sentado enquanto Ronnie continuava.

Aos 5 ou 6 anos, Ronnie colocava fogo nas cortinas. No entanto, foi quando tinha uns 13 que os problemas realmente começaram. Primeiro, Ronnie fugiu. Quando a polícia o encontrou e lhe perguntou por que estava arrumando problemas, ele disse que era porque odiava o papai. Por causa disso, foi espancado quando chegou em casa. Então, Ronnie começou a fumar e a inalar solventes (meus desodorantes, segundo afirma hoje), e a andar com as pessoas erradas. Quando mamãe e papai voltaram para Glasgow e eu fui morar com Diane, ele costumava escalar as chamadas *closes*, umas casas populares bem violentas. Nelas, geralmente havia corredores estreitos, que podiam ser escalados com os braços e as pernas, como o faz uma aranha. Obviamente, a maioria das pessoas subia um pouco e depois desistia. Ronnie, porém, escalava a porra toda — dez, doze metros —, e não estava nem aí pra isso.

Era como se ele não tivesse qualquer medo, não percebesse as consequências de seus atos. Seus olhos emanavam loucura, embora eu tenha certeza de que grande parte daquilo se dava porque ele estava furioso consigo mesmo, com o rumo que as coisas estavam tomando. Independentemente do motivo, seu comportamento só piorava. Lembro que, certa vez, ele me disse ao telefone que fora preso por incendiar um parque de diversões. Foi na Barlinnie Prison que ele passou seu aniversário de 18 anos. Um presídio de segurança máxima. Aquilo deixou minha mãe com o coração partido.

Então — aleluia! — ele foi aceito no Team Leaders, um regimento inferior que serve como preparação para o Exército propriamente dito. Bem, aquela era sua grande oportunidade. Ele se juntaria aos paraquedistas e sua vida entraria nos eixos. Em minha opinião, teria sido perfeito: seu couro seria arrancado e ele aprenderia a demonstrar um pouco de humildade. Em seguida, ele ganharia respaldos e sua autoconfiança melhoraria. Nesse sentido, seria como se Ronnie começasse a trabalhar como assistente em uma rígida cozinha.

Só que, obviamente, ele tinha de estragar tudo. Ronnie estava acampado nos montes Peninos quando o pegaram roubando dos NAAFI, os institutos da marinha, do exército e da força aérea. Naquele momento, sua ficha criminal estava apenas aumentando, e desde então tudo só piorou. Ele começou a usar heroína aos 21 anos. Era inevitável. Ronnie já tentara de tudo; aquele era simplesmente o próximo passo.

Em seguida, ele conseguiu uma licença para guiar veículos pesados e passou a dirigir caminhonetas pela Europa continental. Hoje, quando olho para trás, vejo que devia ter desconfiado, pois ele estava sempre envolvido em acidentes, tombando caminhões, indo para o hospital. No entanto, nós éramos jubilosamente ingênuos. O problema da heroína é que ela é uma daquelas drogas cujo uso só é identificado quando a pessoa está no fundo do poço. Um viciado pode ostentar uma aparência normal durante muito tempo, contanto que tenha dinheiro o suficiente para comprar as drogas de que necessita. Foi isso o que Ronnie fez. O dinheiro que ganhava dirigindo era bastante generoso, e ele ficava ausente durante três semanas seguidas — portanto, ignorávamos por completo o que estava acontecendo. No entanto, sua dependência se tornou cada vez mais grave. Ela era um monstro que precisava ser alimentado, e isso não era nada barato. Ronnie não usava apenas heroína, mas também crack. Quando decidia consumir os dois juntos, ele curtia um barato de crack e, depois, para equilibrar, recorria à heroína. Nessa altura ele andava injetando, claro, e então passou a roubar. Sua especialidade eram os assaltos relâmpagos. Certa vez, ele atravessou a van diante de uma filial da Debenhams, em Bornemouth, para roubar alguns equipamentos de alta tecnologia. Ronnie era capaz de gastar duas mil libras em drogas por semana, e com facilidade. Ele começou a dar carona para traficantes, levando-os aos seus destinos, ajudando-os a fazer negócios, tudo para que pudesse conseguir uma picada. Por fim, a verdade veio à tona. Naquele momento, Ronnie deixou de ser o queridinho do papai. "Eu sabia que você não valia nada", disse ele. “Sabia que você seria um viciado.” Papai simplesmente acabou com meu irmão. Independentemente do que Ronnie diga hoje.

Quando me dei conta do que estava acontecendo, ele já tinha sete anos de vício. Em seguida, começou o interminável ciclo de reabilitações. Até hoje, Ronnie já passou pelo processo inúmeras vezes. Na primeira, o pagamento foi feito através de serviços sociais. Na segunda, eu banquei. Geralmente, ele arruinava tudo após seis semanas. Na minha cabeça, é difícil estabelecer a cronologia de todas aquelas visitas — em parte porque tudo aquilo era uma perda de tempo repetitiva pra cacete, e em parte porque, sendo honesto, odeio pensar nisso. É aterrorizante ver seu irmão caçula daquele jeito, no fundo do poço, injetando na sola dos pés ou no pescoço por não conseguir achar veias em qualquer outro lugar; ou então olhar para os seus braços, nos quais parecia haver bolas de golfe cortadas pela metade.

No que diz respeito à reabilitação em si, não consigo suportar sua natureza. Sou simplesmente incapaz de aceitar a ideia de que o vício é uma doença, como se a pessoa não tivesse escolhas quanto a isso. Eles geralmente fazem os parentes frequentarem terapia familiar, e é aí que me acusam de ser um tipo diferente de viciado: um *workaholic*. Aparentemente, eu faço parte do problema. Bem, dane-se. Os viciados são pessoas egocêntricas, as mais egoístas que você pode encontrar. Além disso, eles são autocomiserativos e manipuladores. Sempre fazem promessas que não irão cumprir. Os viciados me enojam. Se sou parte do problema, gostaria de saber por que sou eu quem sempre leva a culpa toda vez que Ronnie visita a clínica.

Na época em que guiava veículos pesados, ele deve ter sofrido no mínimo três overdoses, provavelmente o mesmo número de vezes em que foi para a reabilitação primária — que é quando se faz uma desintoxicação completa. Ele frequentou ao menos quatro vezes a secundária, quando se sai da clínica e se segue para uma espécie de centro de recuperação. Com Ronnie, a reabilitação secundária era sempre um fracasso. Quando se encontrava no fundo do poço, ele ligava para a mamãe e dizia que estava prestes a cometer suicídio, que não conseguia aguentar mais. "Estou saindo", dizia. "Não venham atrás de mim. Não tenho como piorar, então vou sair, injetar uma superdose e ponto final." Daquela vez, nós, muito assustados, o internamos. Ele ficou limpo por dez dias, quando então voltou correndo para o problema, alimentando um vício que custava, na época, mais de mil libras por semana.

São muitas as coisas que eu poderia contar. Certa vez, ele se fodeu ao fazer, com um traficante de Bristol, aquilo que na linguagem das drogas é chamado de *lay-on*. Um *lay-on* é uma espécie de crédito, e através dele é possível pagar pelas drogas duas semanas depois de pegá-las. Aquele *lay-on* específico saiu por pouco menos de 1.500 libras. O problema era que Ronnie não tinha como arrumar a grana. O traficante, então, foi bonzinho e lhe concedeu outro *lay-on*, mas Ronnie não sabia que, para lhe dar uma lição, o vendedor misturara a droga com alguma coisa extremamente nociva, que acabou por levá-lo ao hospital. Ronnie nunca teve um endereço fixo por mais de seis meses, nem uma conta que viesse em seu nome. Isso é extremamente triste e devastador.

Quando David morreu, Ronnie estava cumprindo uma pena de três meses por roubo de baixo valor e pelo não pagamento de multas. O pior disso tudo é que ele nunca me disse nada: foi o *Daily Mail* que gentilmente me comunicou. Eu não o visito na prisão. Nunca fui, nunca irei. Quando está lá dentro, eu meio que o renego. Na época em que ele cumpria aquela detenção em particular, eu estava prestes a perder as estribeiras. Nós havíamos lhe dado um teto e um emprego, e ele nos traiu até não poder mais, me roubando e roubando da bolsa de Tana. Dávamos uma nota de dez libras para que ele fosse cortar o cabelo e, quando menos esperávamos, descobríamos que Ronnie estava em King's Cross, comprando heroína. O que mais me assustava era isso: a completa disponibilidade daquela droga. Às vezes, acho que a única forma de realmente deixá-lo limpo é abandonando-o numa ilha deserta, a quilômetros de distância de tudo. Fico impressionado com o que seu corpo passou a tolerar. Impressionado.

Muitos incidentes me vêm à cabeça. Uma vez, Ronnie e eu entramos num acordo: ele poderia se picar mais uma vez — uma porção de dez libras — antes de ir para a reabilitação. Desde então, isso me tortura. Tive de sentar e observá-lo. Ele atou o braço e esperou pela veia, estapeando o mesmo braço freneticamente porque não conseguia encontrá-la, enquanto seu membro inchava por estar amarrado com extrema firmeza. Então, depois que a droga fez efeito, se deu aquele terrível momento, no qual ele ficou em silêncio. Seus olhos se arquearam, a dilatação de suas pupilas aumentou e a agulha ficou por lá. Eu não sabia se deveria tirá-la ou não. Lá estava eu, numa casa estranha, ao lado de meu irmão caçula viciado e completamente avoado. Nunca me esquecerei daquilo.

Vocês já viram a heroína? Eu já disse antes que ela se parece com lama, com um pouco de água ferrugenta deixada num banheiro velho. Então, depois ele me disse que se sentia muito melhor, e isso com uma voz normal, como se tentasse provar que estava tudo bem. A diferença entre o antes e o depois me chocou mais do que vê-lo se drogando — ela me mostrou como poderia ser fácil ocultar um vício, contanto que você consiga ter a droga nas mãos.

Em seguida, teve a vez em que fui com ele até um ponto de vendas, onde havia uma série daqueles babacas com rottweilers aos seus pés e olhos mágicos em suas portas, impecáveis sobre seus tênis novos, brilhantes e gigantes. E ainda é preciso ser educado, como se de fato quiséssemos impressioná-los. É necessário apertar suas mãos e perguntar como estão as coisas, quando tudo o que realmente se quer é acabar com a raça de todos eles. Pequenos parasitas. Eles não passam de lixo.

A pior de todas as vezes, porém, foi aquela em que fui visitá-lo sabendo de seu abatimento. Acho que ele estava morando num trailer. Fomos dar um passeio e, por algum motivo bizarro, acabamos num adro. Ronnie entrou em colapso. Eu não desperdicei a oportunidade.

— Você vai acabar aqui — disse. — É neste cemitério que você estará se não resolver a porra toda.

— Mas não tem como — respondeu ele. — Não tenho como largar isso tudo. Eu NÃO QUERO desistir. Eu quero partir... Quero seguir o papai.

Aquilo partiu meu coração.

Meu irmão caçula, que durante tantos anos dormira na cama de baixo do beliche, reduzido àquilo: apenas ossos e lágrimas. A ironia estava no fato de que, após a morte do papai, eu só tinha conseguido levar Ronnie para o funeral, a fim de que ele carregasse o caixão naquela mesma igreja, após vê-lo injetando heroína em si mesmo. Enquanto enterrava meu pai, Ronnie estava alto como uma pipa. E agora ele queria seguir os seus passos. No início, ele desejava o esquecimento. Agora, ansiava por paz.

Eu sempre tive certeza de que nunca deixaria aquilo acontecer, de que, independentemente do que ele fizesse ou do quão mal se comportasse, eu sempre interviria e o salvaria de si mesmo. Para mim, ele era um cara frágil e inseguro que nunca se recuperou direito das merdas que recebeu de seu pai. Eu me sentia feliz por ter escapado, por ter conquistado algo meu, fora de casa, algo que não tinha nada a ver com a música do papai e que só me fazia lamentar ainda mais por Ronnie. Hoje, porém, não tenho tanta certeza. Chega um momento em que a autopreservação dá as caras. Você não consegue mais aguentar. É preciso endurecer o coração e romper todos os laços.

Depois que Ronnie desistiu de guiar veículos pesados, arrumei um emprego para ele no Harvey's, como lavador de panelas. Aquele foi um erro enorme. Nossa primeira grande desavença se deu num final de semana de Páscoa — o único final de semana de três dias que ganhávamos no Harvey's. Estávamos na casa de um amigo, e Ronnie tomou a decisão de colocar um tablete de ácido no meu chá. E por que ele fez isso? Porque sabia qual era minha opinião sobre as drogas e desejava me irritar. Ele jogou em minha xícara um pedacinho de papel estampado com uma caveira e dois ossos cruzados. O pior de tudo era que eu estava prestes a dirigir, e ele sabia muito bem disso. Então, lá estava eu, completamente inocente, quando do nada não consegui ver mais nada direito. Eu havia notado o tablete, mas não fazia ideia do que era. "Não sei o que está acontecendo", falei. "Mas minha visão está indo para o espaço."

Eu me virei e encontrei Ronnie rindo sem parar. Ele estava quase se mijando. Durante as 24 horas seguintes, fiquei completamente destruído. Eu nunca havia sentido nada como aquilo antes. Fui ao banheiro e simplesmente vi meu rosto derretendo; sobravam apenas meus ossos — era como se estivesse acontecendo, na minha cara, aquilo que ele me mostrara no papel do LSD. Em seguida, eu fui para o hospital, embora lá, obviamente, ninguém pudesse fazer nada por mim. Tudo o que me restava era beber muita água e esperar. O efeito era extraordinário: parecia que eu estava andando, e olhando o mundo, de ponta-cabeça, e tudo era engraçado.

Apenas duas semanas depois foi que disse a ele o quão baixo havia sido aquilo. "Você sabe que eu não fumo", disse. "Sabe que jamais usei droga alguma em toda a minha vida, e aí você mete um pedaço de papel no meu chá e dá a entender que aquilo fazia parte do saquinho de chá. E depois ainda fica lá, se mijando de rir." Tivemos uma briga enorme, e eu estava certo de que Ronnie deveria ser chutado do Harvey's.

Anos depois, após sua última sessão de reabilitação, ele veio passar um tempo em nossa casa. Tana ainda trabalhava como professora, dando aula para crianças.

Conviver com um viciado requer atenção 24 horas por dia. É como ter um bebê. Você fica de olho o tempo todo, e a cada cinco minutos é tomado por aquela paranoia: onde ele está? O que será que anda tramando? Se Ronnie saía, pedíamos para que telefonasse no momento em que chegasse ao seu destino; se demorasse vinte minutos para fazer um passeio que exigisse dez, nós perguntávamos: por que você se atrasou?

Estávamos perto de um grande dia, no qual iríamos a um evento corporativo em Silverstone, onde eu teria a oportunidade de dirigir no famoso circuito. Pedi a Ronnie que me acompanhasse. Achei que seria do seu agrado. No entanto, eu esperava receber algo em troca: no sábado anterior, Tana e eu sairíamos para jantar, pois precisávamos de um tempo sozinhos. Ronnie estava limpo há duas semanas. Queríamos que ele se comportasse enquanto estivéssemos fora. Só isso. Aquilo não deveria ser um problema — e NÃO SERIA um problema para alguém que não fosse dependente. Para Ronnie, porém, o problema era enorme. Saímos de casa apreensivos, extremamente amedrontados, como novos pais que, pela primeira vez desde o nascimento, deixam seu filho para trás.

Em seguida, chegamos ao restaurante. Ronnie deveria ter nos telefonado, mas não escutamos nada. Fiquei pensando então no que poderia ter acontecido, e, na esperança de ficar mais calmo, tentei ligar para seu telefone. Nada. Outra tentativa. Nada. Tana me pediu que eu relaxasse: fazia um mês que não saíamos juntos. Porém, aquilo era impossível. A noite passou a ser uma tragédia no momento em que ele deixou de atender o telefone. Não esperamos pelo prato principal; simplesmente entramos no carro e tentamos telefonar novamente, quando então ele respondeu. Ao fundo, pude ouvir um monte de berros e gritos horrorosos. Eu descobri de imediato o que estava se passando. Para resumir a história, aqueles eram os sons de King's Cross, para onde ele foi a fim de arrumar um barato. Ele estava voltando para as drogas, após somente duas semanas. Tana explodiu em lágrimas. Eu mesmo estive prestes a fazê-lo.

Fui buscá-lo. Só Deus sabe como Ronnie foi capaz de me dar as orientações. Quando cheguei lá, ele estava completamente fora de si. Tinha usado tanta droga que parecia um vegetal. Como não consumira nada nas últimas duas semanas, a substância tivera um efeito mais forte do que o normal. Quase inconsciente, Ronnie cochilava e acordava. Quando despertou, começou a falar sobre a viagem que planejáramos para Silverstone. "Não posso esperar para dirigir lá", disse. "Você sabe que vou acabar contigo. Você é um motorista de merda." Então, ele caiu de novo em seu sono parcial. Foi horrível.

Ainda assim, lhe dei outra chance. Eu o levei para casa e, na segunda-feira, fiz com que fosse comigo para Silverstone. Ele estava completamente destruído. Lembro-me sentar no M40 e observá-lo acordando num salto, tossindo, com a saliva escorrendo por ambos os lados da boca. Ronnie ainda estava completamente avoado.

Foi quando retornamos que ele roubou Tana. Naquele momento, ela falou: "Olha, se ele não sair, quem terá de sair sou eu." Tínhamos acabado de nos casar, acabado de comprar um apartamento. E agora ela se mostrava pronta para voltar a viver novamente com seus pais.

"Não posso tolerar isso", disse. "Minhas gavetas foram vasculhadas e até minha calcinha foi revirada. Ele pegou até uma pilha de moedas que eu tinha juntado." Para ela, Ronnie nos roubou desde o primeiro dia e deu um jeito de não percebermos. Porém, agora que estava desesperado, era claro.

Eu o confrontei. Ele, obviamente, negou. À noite, fiquei a um passo de socá-lo — por pouco não o apaguei —, mas na hora ele estava sob o efeito de suas preciosas drogas, e eu simplesmente não consegui. Naquele dia, ele saiu e não retornou. Na manhã seguinte, fui trabalhar às sete. Eu estava começando naquela época, e o dinheiro era tão escasso que eu costumava fazer tudo sozinho, inclusive pagar os fornecedores. Eu queria ser capaz de prestar contas de todos os centavos que gastava, e não estava disposto a colocá-los sequer na mão do meu sous chef. De qualquer forma, eu abri a porta e, de cara, encontrei Ronnie, completamente fora do eixo. Quando se virou, eu o levei de volta. Em seguida, entramos em sua van — ele sempre dirigia uma van — e fomos até um posto da Wandsworth Road, para abastecer. Então, com todas as palavras, eu lhe disse para cair fora. "Apenas suma da minha vida", falei. "Vá embora." Tudo o que ele tinha eram dez libras. E foi assim que a história toda terminou: ele desapareceu de novo. A velocidade com que Ronnie entrava e saía de nossas vidas nunca deixou de me surpreender.

Hoje em dia, em 2006, acredito, ele deve estar limpo. Há dois anos atrás, levantei dinheiro para colocá-lo em outro programa de reabilitação, na clínica Clouds. Daquela vez, Ronnie me prometeu um monte de coisa. Mamãe fora acometida por uma angina, embora, na época, achássemos que fosse um infarto. Ela foi para o hospital, e seu marido, Jimmy, teve um derrame quando soube da notícia. Então, estavam os dois lá, Jimmy numa ala e mamãe em outra, ambos ligados a uma série de máquinas que monitoravam tudo. Era horrível.

Em seguida, entrou aquele fantasma, aquele homem espantoso e frágil, no auge de seus 45 quilos. Era Ronnie, de visita. Olhamos um para o outro e ele veio abaixo. Contudo, Ronnie não podia ficar. A última coisa que o hospital queria era um viciado passeando pelos corredores.

Eu não o via há quase nove meses, e o choque foi terrível. Ronnie estava deformado e esquelético; grandes nódoas negras se espalhavam pelo seu rosto e pelo seu corpo, havendo caroços por toda parte. Ele estava injetando na sola dos pés e na bunda, e estava todo fodido, como se saísse do meio de zumbis. As maçãs de seu rosto pareciam facas. Ele não conseguia comer e mal era capaz de andar. Ronnie me implorou por mais uma chance, dizendo que, daquela vez, realmente queria ir até o fim. Então, eu acreditei nele, como um tolo. E por quê? Bem, o contexto todo não me ajudava a ver as coisas muito claramente. Mamãe fumava como uma chaminé, e aí Jimmy teve um derrame — duas das pessoas que me eram mais próximas ali, no hospital. Junte Ronnie a isso tudo e parecerá plausível a possibilidade de eu perder todos os três em menos de 24 horas. Essa possibilidade era insuportável. Então, eu topei: peguei o telefone e arrumei um jeito de mandar o dinheiro para a clínica. Ronnie foi aceito exatamente uma hora depois de o dinheiro ter caído no banco. Para mim, ele não conseguiria, mas eu estava disposto a fazer qualquer coisa.

Eu temia pelo pior — tanto no que dizia respeito à sua saúde quanto ao que ele faria em seguida. Ronnie chegou a ponto de me ligar para dizer que cometeria um assalto à mão armada, pois estava extremamente desesperado por dinheiro e precisava alimentar seu vício. Na época, lhe perguntei se eu poderia ligar para a polícia, mas, obviamente, os policiais não estão nem aí para você até que cometa um crime; falar não leva a nada. Era muito patético. Ele rodeava fábricas em Taunton e Bridgwater, próximo de onde morava, a procura de compensados que pudessem virar lenha, que então ensacava e tentava vender de porta em porta, por uma libra a sacola. Ele convencera o pessoal da Big Issue de que era um viciado em recuperação, e aí lhe deram um crachá e permitiram que vendesse os exemplares de sua revista. O problema era que aquelas histórias não passavam de mentiras. Ronnie apenas os enrolava por dinheiro. Ele costumava recolher até mesmo carrinhos de supermercado, levando-os de volta aos estabelecimentos para que pudesse ganhar algum trocado. Aquilo era de um desespero inacreditável. Eu me sentia mal só de imaginá-lo em seu pardieiro, a iluminação sombria e melancólica, as manchas de umidade, a ausência de papéis de parede, caixas de Pot Noodles por toda parte e pela metade, assim como camas cujos lençóis não eram trocados há meses.

Aquela vez, portanto, deveria ser a última. "Estou doente", disse ele. "Me dê mais uma chance." Quis saber de Tana o que ela achava. Tudo o que ela conseguia ver era uma culpa terrível em meus olhos. Aquele cara não era um dos meus *sous chefs*; ele era meu *irmão*.

Ronnie estava com 37 anos e não tinha onde cair morto, além de ser o dono de uma ficha criminal e de um vício de uma década. Eu precisava fazer alguma coisa. E foi o que fiz: eu tentei. Tentei por ele, por mim e, acima de tudo, pela mamãe. Independentemente do que aconteça no futuro, ao menos poderei dizer que tentei.

Clínica Clouds. Sou capaz de listar tudo o que existe na estrada que leva à Clouds House, em Wiltshire — cada bar, cada posto de gasolina, cada abeto maldito. Eu marcava minhas visitas de acordo com os dias livres do circuito de Thruxton Motorsport, para que na volta eu pudesse ir para lá e refrescar minha cabeça dirigindo. Eu costumava dirigir como um lunático, quase a ponto de me matar, pois precisava liberar a pressão. Aquela era a minha recompensa, porque odiava a Clouds e tudo o que se relacionava a ela — o fato de ser proibido o uso de loção pós-barba (os viciados em recuperação são extremamente sensíveis a odores, e essas loções possuem álcool); o fato de não ser possível utilizar camisas com qualquer logomarca, seja ela a da Wrangler, da Levi's ou da Calvin Klein; os próprios conselheiros, que não me deixavam ver meu irmão até que eu lhes contasse tudo o que acontecera na minha semana, que me consideravam um viciado tão detestável quanto Ronnie e que me fizeram admitir isso para o resto do grupo; além de todos aqueles estranhos que vinham me abraçar — enfim, eu desprezava isso tudo. No entanto, eu estava fazendo aquilo por Ronnie. Por isso, engoli em seco e continuei enquanto ele ficava limpo. De novo.

Durante sua estadia na Clouds, recebi uma carta inesperada. Era de um cara chamado John, um ex-viciado. John estava preso na Austrália por posse de cocaína e, uma vez lá dentro, se viciou em heroína, como acontece com muitos presos. Agora, porém, ele estava limpo. De qualquer forma, John soube de Ronnie na imprensa e estava se disponibilizando para ser seu companheiro: eu deveria fazer com que John e Ronnie passassem 24 horas por dia juntos, sete dias por semana. A carta era maravilhosa, belamente escrita e convincente. Então, decidi conhecê-lo. Eu devia ter percebido que sua relação com Ronnie estava fadada ao fracasso.

Na época, achei que ele realizaria tudo aquilo que pedia em minhas orações. Achei isso porque ele mesmo era um viciado em recuperação, e, portanto, sabia das coisas. Além disso, pra ser honesto, eu ficava um pouco aliviado por não ter de carregar a responsabilidade de cuidar de Ronnie novamente, pois sabia que ele não poderia viver conosco.

Eu devia ter ouvido o pessoal da Clouds, que era completamente contra aquela história toda.

Eles me disseram que Ronnie não desejava amadurecer como um dependente em recuperação; seu estado era muito mais juvenil. Quando estava na Clouds, ele se apaixonou por uma garota, o que é estritamente proibido — os viciados não podem se relacionar uns com os outros. Em seguida, ao sair, Ronnie tomou uma cerveja. Tecnicamente, aquilo indicava uma recaída. Eu tenho amigos e clientes que estão limpos — limpos DE VERDADE. Eles não podem tomar nada. Nada. Nem mesmo um copo de Buck's Fizz.

Apresentamos John a Ronnie cerca de três semanas antes de terminar a reabilitação de um mês e meio, e, assim que saiu, ele foi a Irlanda para ficar com seu novo amigo por um tempo. O plano era Ronnie seguir para a Tailândia como voluntário, ajudando nos trabalhos de reconstrução após o tsunami. Aquela era a brilhante ideia de John, e, ao olhar para trás, vejo que foi muito ingênuo de nossa parte ter concordado com ela. A Tailândia não é o que você poderia chamar de lugar seguro para um viciado em recuperação comum. Porém, John estaria com ele. Isso me deixava completamente confiante. Eu gostava de pensar no fato de que os dois estariam fazendo alguma coisa boa. E achava que, ao se deparar com pessoas que haviam sofrido tanto, afloraria em Ronnie um senso de missão, um sentido.

Infelizmente, porém, eles logo começaram com as sacanagens. O trabalho de reconstrução deixou de ser tão importante, e ambos passaram a viver com extravagância. Ficou claro que Ronnie se cercara de idiotas e parasitas, que estava de babaquice de novo. Em determinado momento, ele me ligou e disse que precisava de uma folga.

— Como é que é? — falei.

— Preciso de uma folga — repetiu ele. — As coisas são muito tristes por aqui. — E lá se foi a possibilidade de o sofrimento alheio ampliar um pouco seus horizontes. Ronnie imediatamente desapareceu pelas montanhas, ficando lá por dez dias.

Certa noite, os dois saíram e ficaram completamente embriagados. Em outra ocasião, Ronnie arrumou uma motocicleta, levou uma garota para passear e bateu. Nenhum dos dois estava de capacete. Bem, aquilo realmente me deixou em estado de alerta. O hospital tailandês era um pesadelo. Ronnie estava com um buraco enorme no pé. Ele ligava para a mamãe na Inglaterra para dizer a ela que estava muito mal. "Você tem ideia da dor que estou sentindo?"

Depois, então, ele gritava: "Não consigo sair desta merda de hospital." Assim que foi liberado, Ronnie, na praia, pisou numa espécie de concha venenosa e voltou para lá. O projeto tailandês parecia ter ido para o brejo. Naquele momento, nós o trouxemos de volta para casa. Chris o pegou no aeroporto e, antes que ele tivesse tempo de tomar uma xícara de chá, o levou para o hospital, a fim de que fizesse um exame. Eu precisava saber se ele ainda estava limpo. Acho que ninguém pode me culpar por eu ter minhas suspeitas.

Por sorte, os testes não indicaram nada, e ele então voltou para a Tailândia. Dessa vez, a dupla formada com John se rompeu. Ele estava sozinho. Não posso dizer que eu estava otimista com o que aconteceria em seguida.

Antes de ele partir, lhe dei uma nova dentadura, que custou consideráveis 28 mil libras (seus dentes, como os dentes de todos os viciados, estavam muito fodidos; ele me disse que a única forma de recuperar sua confiança, podendo, então, trabalhar e falar com as garotas, era tendo uma nova arcada). E por acaso ele se mostrou agradecido? É claro que não. Ronnie nem sequer se mostrou orgulhoso de seus novos dentes; ele está fumando de novo, mesmo após prometer que iria parar.

Em dezembro de 2005, finalmente me cansei de não receber qualquer notícia ou qualquer informação sobre seu progresso. Então, disse a ele que já bastava, que ele deveria retornar. No entanto, antes de sair, Ronnie estava comigo ao telefone, dizendo que não poderia deixar a Tailândia até que eu lhe enviasse 150 libras, para a conta do hotel. A albergaria não lhe devolveria o passaporte até que recebesse o dinheiro. Todo o valor que Ronnie gastara se referia a serviços de quarto.

— Que serviço de quarto é esse? — Perguntei.

— Preciso comer e beber — respondeu ele.

— Por que diabos você não simplesmente arruma um trabalho?

No entanto, ele sempre tinha uma desculpa. Dessa vez, era o tsunami. Aquilo ficou entalado na minha garganta.

— Não tem emprego — disse ele. — Todo mundo ainda está se recuperando do tsunami.

Quando finalmente voltou, Ronnie não tinha nada — nenhuma escova de dente, nenhuma lata de desodorante e, é claro, nenhum presente de Natal para meus filhos ou para a mamãe. A única coisa que ele trouxe consigo foi um saco de lixo preto cheio de roupas para lavar. Sua falta de esforço, sua falta de carinho — aquilo me enojou. No entanto, ele não retornou com uma aparência corada e saudável, capaz de mergulhar ou de correr uma maratona. Ele voltou com um semblante pior do que aquele que ostentava antes de entrar na Clouds. Eu talvez conseguisse lidar com isso se ele tivesse usado aqueles 17 meses para ficar saudável e forte — nós logo descobrimos que ele não se envolveu em trabalho nenhum por lá. Ele parecia arruinado.

Após o Natal, eu o coloquei para dirigir minha van, para cuidar de todos os meus trabalhos manuais, para mexer com argamassa e para pintar. Depois de dez dias, ele me ligou doente. Nós lhe pagávamos 25 libras por dia, e, após hospedarmos Roonie num hotel em Victoria e comprarmos algumas roupas novas, ele telefona dizendo que adoeceu. Depois disso, Ronnie sumiu. Não o vejo desde então. Ele se foi. Não telefona e, obviamente, não escreve. Onde ele costumava ficar, existe hoje apenas um vácuo, um vazio. Pelo que consegui descobrir, ele voltou a morar perto do litoral, num trailer, enquanto trabalha entregando caçambas. Porém, até onde sei, começou tudo de novo. Consigo identificar seus padrões de comportamento. Será que está se drogando novamente? Receio muito que sim — ou então que isso logo acontecerá. Afinal, Ronnie seguiu direto para Bristol, uma das capitais britânicas da heroína. Ele sabe como consegui-la.

Dessa vez, a decepção é pior do que qualquer outra coisa que eu já senti.

Quando ele ficou limpo, ficamos extremamente contentes. Minha mãe disse que, para ela, aquilo era como ganhar na loteria. Ela e Jimmy só costumavam ver o que Ronnie tinha de pior, e isso geralmente partia meu coração. Certa vez, em Bridgwater, ela saiu para fazer compras e se deparou com ele deitado na frente do mercado. Em outra ocasião, Ronnie invadiu sua casa e roubou todo o equipamento de Jimmy (ele costumava trabalhar com aerografia). Da mesma forma, quando foi ver o filho recém-nascido de minha irmã, Diane, ele roubou todo o dinheiro de seu aluguel. Ronnie havia me dito que se mataria se não fosse para a Clouds, então eu me virei e arrumei tudo. E era assim que ele me retribuía. Se por acaso ele estiver se drogando de novo, o apagarei completamente da minha vida, pelo bem de Tana e dos meus filhos. Juro por Deus que nunca mais financiarei aquele filho da puta.

Em fevereiro, mamãe adoeceu gravemente, sendo levada ao hospital para uma operação de ponte de safena quádrupla.

Menos de um dia após o fim da cirurgia, quando ela ainda estava sob cuidados intensivos, chegou Ronnie, procurando dinheiro. Ele é insensível a esse ponto. Eu poderia ter acabado com a raça dele, mas, por sorte, eu estava nos Estados Unidos, e só sabia do que estava acontecendo através da voz sussurrada e frágil da mamãe, do outro lado do telefone. Aquela aparição súbita tinha um motivo. Ronnie estava atrás de um pagamento de 300 libras que recebera do departamento de serviços sociais, e por alguma razão achava que o dinheiro caíra na conta bancária da mamãe. Para mim, fazer aquilo com ela estava no mesmo nível do papai. Entrar lá e pedir 300 pilas para alguém que pode estar em seu leito de morte e que se recupera de uma cirurgia cardiovascular — bem, é preciso ser o maior filho da puta do Reino Unido pra fazer isso.

Agora, em 2006, Ronnie está perto dos 40 anos e nunca teve um apartamento próprio, nunca organizou um jantar, nunca comprou um pacote de férias para passar duas semanas na Espanha. Ele nunca fez nada normal. Eu não nutro qualquer esperança, mas isso não é tudo. Neste ano, pela primeira vez, tenho pensado em como seria perdê-lo. Sei que dizer isso é terrível, mas preciso me preparar. Estou ficando mais forte, construindo uma barricada. Não o quero mais em minha vida. Não o quero invadindo minha cabeça, não quero meus filhos sabendo o que ele é ou não é, não quero que as úlceras da mamãe cresçam por tanta preocupação. Sei o que acontecerá se ele voltar a se drogar pesadamente, mas agora não abrirei mais as portas. Não posso fazer isso de novo com Tana ou com Chris, que me ajudaram tanto da última vez. Não me sinto confuso ou acabado, apenas magoado, profundamente magoado. É como se ele tivesse deixado até mesmo de ser meu irmão.

Enquanto escrevo, Ronnie ameaça ir aos jornais para contar "a verdade" sobre mim. Ele já fez isso antes, tirando dinheiro dos tabloides. Uma vez, um cara do *Mirror* lhe ofereceu uma grana na saída de um de seus vários julgamentos. Ronnie pegou o dinheiro para alimentar seu vício, e fico me perguntando se os tabloides um dia já consideraram essa possibilidade. Na entrevista que concedeu, ele não tinha lá nada de bom para dizer sobre ninguém. Sua fala era: o mundo me deve algo. Tudo é completamente injusto quando o assunto é Ronnie. Meu sucesso é um dos grandes responsáveis por sua instabilidade, e disso eu sei. Não era preciso que alguns conselheiros metidos a besta me levassem a tal conclusão. Bom, que seja.

Vá lá, Ronnie, e faça da sua vida um sucesso. É claro, ele não fará isso.

De qualquer forma, se desejar contar aos jornais a verdade, é mais do que bem-vindo. Não estou nem aí. A verdade é que fiz o possível para ajudá-lo, e nada adiantou. Ao contrário do meu amigo David, Ronnie ainda está vivo. Porém, isso não significa que eu não o tenha perdido. Afinal, embora seja extremamente doloroso colocar isso no papel, tenho muito medo de que seja essa a verdade.

CAPÍTULO 11

NO MEIO DAS MULHERES

E QUANTO ÀS mulheres da minha vida?

Mamãe, obviamente, tem me dado um apoio incrível diante de todos os problemas, e é um grande alívio tê-la recuperada da cirurgia cardíaca e com uma aparência muito melhor. Ela até mesmo abandonou o cigarro, depois de tanto tempo.

Há ainda minhas duas irmãs, Diane e Yvonne. Tenho mais ligação com Diane, pois sempre que a família se dissolvia, nós dois acabávamos unidos. Como a mim e Ronnie, a infância que tiveram as afetou muito, embora de maneiras diferentes. Yvonne sempre recebia ordens para calar a boca e sempre era importunada. Acho que é porque ela era a mais nova. Diane gostava muito de música, como o papai. Lembro-me de algumas fotografias dos dois juntos naquela época, e ambos pareciam Ike e Tina Turner. Diane frequentemente saía em turnê com ele, mas isso não tinha como ser diferente: sua voz era de fato fantástica.

Quando Diane completou 15 anos, papai realmente começou a perder a linha. Ele passou a ter ciúmes do fato de ela estar crescendo, se tornando alguém. Como qualquer menina da sua idade, seus amigos eram mais importantes do que seus pais. Ela começou a se rebelar e não quis mais se apresentar com ele. O período do punk, então, chegou e ela passou a usar o cabelo todo espetado. Diane também começou a fumar. Se fôssemos sair, ela geralmente me fazia esconder os cigarros nas calças, pois sabia que eu não seria revistado — meus pais nunca acreditariam que eu fumava. Ainda assim, eu costumava ficar lá sentado, tremendo, com todos aqueles cigarros da Benson & Hedges, da JPS e da Number Six enrolados em papel seda dentro das calças.

Diane arrumou um namorado que tinha um carro, por acaso, mais brilhante e mais caro do que o do papai. Ele não gostou nada daquilo, e seu ciúme se agravou. Papai queria que ela fosse embora. Ele passava a maior parte do tempo tentando convencer a mamãe de que Diane era uma adolescente difícil e de que ela precisava sair. Papai perdeu o controle, era aquela a sua solução. E, para nossa tristeza, funcionou. Ele foi incisivo: ou ela, ou eu. E foi assim que tudo terminou. Diane foi viver com pais adotivos numa fazenda.

Aquilo foi extremamente penoso para todos nós, em especial para a mamãe. Se você perguntar a ela, verá que ainda se entristece. Na hora do chá, nós ficávamos lá — comendo presunto, ovos e fritas, ou então palitinhos de peixe, fritas e feijão —, apenas três filhos ao redor da mesa. Estava faltando alguém, e aquilo doía. Papai, é claro, ficou realmente contente consigo mesmo, todo cheio de si.

Ele havia se aproveitado da vulnerabilidade da mamãe. Lembro-me de uma vez em que ela desatou a chorar, dizendo: “Neste aniversário, tudo o que quero é minha filha de volta.” Eu sentia saudades de Diane, mas sua ausência também significava que eu era, então, o mais velho; minha impressão era a de que eu passava a ter muito mais responsabilidades.

Diane morou na fazenda durante um bom tempo. Ela estava se tornando uma jovem bonita e independente, e aquilo de fato irritava o papai. Foi aí que ele perdeu o controle de vez.

Assim que completou 16 anos, Diane conseguiu comprar sua primeira casa popular. Tanto para mim quanto para ela, aquilo foi um grande alívio, e assim que mamãe e papai voltaram para a Escócia, eu fui morar lá. Dessa forma, Di se tornou uma espécie de figura materna para mim. Ficamos muito ligados.

Foi mais ou menos nessa época, quando nossos pais estavam em Dennistoun, uma região bastante rude de Glasgow, que papai começou a importunar Yvonne. Com Di e eu fora de cena, e com Ronnie cada vez mais envolvido em seus próprios problemas, sendo apanhado pela polícia praticamente todos os dias, os holofotes se voltaram para ela. Yvonne só tinha 15 anos.

Eu queria que ela fosse morar comigo e com Diane, mas papai nunca permitiria isso. As coisas melhoraram um pouco quando a família toda se mudou para Bridgwater. Logo em seguida, ela engravidou e arrumou um lugar para si. Talvez aquela fosse a melhor forma de escapar.

Agora, então, convivo com minhas três filhas: Megan, Holly, gêmea de Jack, e Matilda. E qual é minha atitude diante delas? Bem, obviamente, quero que tenham uma vida mais fácil do que a de suas tias. Porém, por causa da minha infância, existe uma grande chance de ficarem mimadas. Esse é o grande perigo. No entanto, Tana teve uma infância maravilhosa, e ainda possui uma postura fantástica. Ela é um ótimo exemplo. Além de sempre me apoiar, não me criticando nas vezes em que sou duro com as crianças — embora só há pouco tempo ela tenha descoberto o quão difícil fora minha infância. Ainda assim, nós cuidamos para que eles não fiquem mimados. Na época do Natal, cada um recebe um presente. Não queremos que eles fiquem lá, abrindo uma caixa atrás da outra, sem dar valor a nada. O que eu quero é que assimilem e valorizem o que possuem. Às vezes, preciso me esforçar muito diante deles: vejo Jack crescendo com tudo aquilo que, quando menino, eu só podia desejar — e isso pode ser bem difícil. Vejo seus soldadinhos, sua camisa camuflada e suas iniciais costuradas no suéter da escola. Eu faço o melhor possível para que não haja qualquer ciúme por aqui. No entanto, eu também sou rigoroso. Se Jack sai para brincar no inverno e diz que está com frio, não permito que fique de frescura e volte logo. Eu espero que ele seja durão. Além disso, ele me vê como seu melhor amigo, o que é maravilhoso, pois nunca tive isso em relação ao meu pai. Acho que Jack veio ao mundo por uma razão. Seu nascimento estava previsto para fevereiro, mas acabou acontecendo prematuramente, um dia antes de entrarmos no segundo milênio e exatamente um ano após a morte do meu pai. Todos eles me ajudam a encarar a vida, embora seja impossível não compará-los a nós, quando tínhamos a mesma idade — as meninas, a Diane e Yvonne; Jack, a Ronnie. Tento imaginar como seria se Holly tivesse uma overdose, se Megan fosse para um orfanato ou se Jack começasse a se meter com drogas. Seria uma merda total. Insuportável.

Outra coisa que faço é sempre deixar claro que a vida não passa de trabalho duro. Nas noites de sábado, eles perguntam: "Aonde você está indo, papai?" Eu sempre faço questão de dizer-lhes que estou indo trabalhar, pois nada vem de graça — os sapatos, os brinquedos, até mesmo o leite na geladeira. Além disso, eles só ganham uma libra por semana. Se receberem mais, é porque ajudaram com os trabalhos do jardim. Da mesma forma, a cada verão, a mamãe os leva para a colônia de férias do Butlin's, para que saibam como é ter umas férias normais, com bonequinhos dos Casacas Vermelhas, baldes e pás. Não quero que eles se acostumem à luxúria. Quero que eles tenham os pés no chão.

Pelos mesmos motivos, o único dos meus restaurantes em que podem comer é o Boxwood Café, que possui um ambiente bem familiar. Do contrário, como qualquer criança normal, eles podem sair para comer uma pizza. A única época do ano em que meus filhos frequentam qualquer outro tipo de estabelecimento é o Natal, quando estou cozinhando no Claridge's. Eles se sentam à Mesa do Chef e comem um sanduíche. Por respeito à minha equipe, não peço para ninguém cozinhar algo especial para uma garotinha de oito anos.

Quando as crianças não se comportam — em especial quando não dividem as coisas —, seus brinquedos geralmente são confiscados e escondidos. Além disso, nenhuma delas seguirá para o internato. Quero que eles sejam meninos bonzinhos, normais.

Acima de tudo, o que desejo é que eles tenham opções na vida. Juro por Deus que nunca serei como o papai, que, sempre que nossos planos iam por água abaixo, ficava dizendo: "bem que eu avisei..." Quero que os meus filhos decidam o que realmente querem fazer e corram atrás disso.

E minha fama, será que os atrapalha? Só agora é que eles estão de fato tomando consciência dela. Eu quero protegê-los, mas também não desejo colocá-los numa redoma de vidro. A cada ano letivo, eu só os levo para a escola uma vez, pois assim que descobrem que estou por lá, os arredores da escola tendem a ficar relativamente congestionados. Mas... a quem estou tentando enganar? Eu não suporto aquela coisa toda de escola, independentemente de reconhecerem meu rosto ou não. Há pouco tempo, entrei numa fria ao dizer para uma revista metida a besta que eu nunca tinha visto tantos pés de porco como no pátio da escola das crianças. Eu estava me referindo a algumas mães, embonecadas da cabeça aos pés. Elas parecem completamente entediadas, usando o cartão dos maridos, trotando para comprar suas canelas de cordeiro, fazendo um pouco de pilates, para, então, voltar e buscar seus filhos. Fora dos portões da escola, é tudo um pesadelo. Não quero falar sobre seus malditos molhos holandeses. Quero que elas me deixem em paz. É por isso que só vou buscar meus filhos uma vez por ano, independentemente do quanto Megan goste disso. Aquelas mães são superficiais pra caralho. As coisas lá são muito diferentes de como eram no Stratford High. Esse joguinho é como o inferno na Terra. Todos aqueles pais correndo com suas cabeças nuas, com seus ternos de risca de giz e com os olhos esbugalhados ao verem seus tesourinhos no palco, ao mesmo tempo em que as mães pulam para a fileira da frente e colocam o zoom das câmeras de vídeo em cima das crianças. Meu Deus. Quero ficar longe de tudo isso.

Nossos primeiros três filhos foram o resultado de fertilizações *in vitro*; Matilda, a mais nova, veio por acidente. Nós tentamos durante dois anos antes de recorrermos ao vitro. Tana havia sido vítima da síndrome do ovário policístico, que pode afetar a fertilidade. Além disso, minha contagem de esperma era baixa, resultado do tanto que minhas bolas esquentaram diante dos fogões. Esse é um problema comum entre os chefs, que aguentam aquele calor todo durante sete dias por semana. A indústria precisa desenvolver algum avental engenhoso e com resfriamento, para manter as bolotas fresquinhas durante o expediente. Sério.

Por saber o motivo de minha baixa contagem de esperma, eu nunca me senti defeituoso — embora tenha me sentido mal por Tana não conseguir engravidar. Aquilo foi especialmente difícil porque, na época, ela dava aula para crianças pequenas. No entanto, esse tipo de coisa ou coloca uma pressão desnecessária sobre o relacionamento ou aproxima o casal. No nosso caso, serviu para nos aproximar. Ainda assim, era difícil. Fomos ao inferno e voltamos. Precisei me masturbar dentro de uma garrafinha e fazer aquela coisa com meus girininhos. Em seguida, me disseram: "A má notícia é que sua contagem de esperma é baixa. A boa é que os espermatozoides que você tem são bem-dispostos."

Descobrimos que tinha dado certo, que a fertilização in vitro funcionou, no mesmo dia em que Diana, princesa de Gales, morreu. Estávamos bastante calados e entristecidos, esperando o pior daquelas primeiras horas da manhã de domingo. Na época, era nossa terceira tentativa. No entanto, para a gente, as notícias eram boas — ao menos para a gente. Depois, com os gêmeos, conseguimos de primeira.

Megan, nossa mais velha, será sempre especial, pois em cada um de seus aniversários eu me lembro do Aubergine e de como as coisas eram difíceis, de como eu trabalhava duro. Na época em que vieram os gêmeos, estávamos mais seguros — embora não tanto, pois nosso apartamento ainda era alugado. Eu me cagava de medo. Por outro lado, e especialmente no meu ramo, não existe nunca um momento certo para as coisas, e acho que saber que eu tinha tantas bocas para alimentar me estimulava. Não esperávamos passar de um filho para três, mas aquilo parecia acontecer muito com quem se submetia ao vitro.

Com Matilda, bem... achei que Tana tivesse enlouquecido um pouco. Ela foi até a cozinha do meu restaurante para me contar o resultado do teste de gravidez feito sem o meu conhecimento.

— Tana — falei —, já estou por aqui com tanta merda acontecendo. O que houve? Você bateu o carro?

— Não, não. Veja lá em cima da mesa, o bastãozinho... Estou grávida. — Então, ela explodiu em lágrimas.

Eu não presenciei o nascimento de nenhum dos meus filhos e, como quase todos os habitantes do Reino Unido agora sabem, nunca sequer troquei uma fralda. Já me fodi muito no decorrer dos anos por causa disso. Fui chamado de machista desprezível, de porco chauvinista, de completo imbecil. Fui criticado por praticamente todas as jornalistas que existem por aí. Mas, ah, sejamos honestos. Trocar fraldas não é lá a tarefa mais sedutora do mundo. Quanto aos nascimentos, o que as pessoas parecem esquecer é que Tana também tomava parte nas decisões. Dar à luz é algo muito tenso. Por ser tão controlador, eu sou a última pessoa que alguém gostaria de ter por perto. Tana queria ter sua mãe ao lado, então apenas fugi para o Syon Park e fui pescar enquanto esperava pelo telefonema. O dia do nascimento de Megan era o dia do aniversário do meu sogro, então segui para o The Ivy para comemorar com ele. Eu precisava de tempo para me preparar, pois estava incrivelmente ansioso para ver o bebê.

Então, cheguei ao hospital completamente puto. "Vocês têm certeza de que é uma menina?", disse, e então puxei o cobertor de cima dela para verificar. Por alguma razão, eu estava inteiramente convencido de que teríamos um menino.

Eu não conseguia acompanhar os nascimentos, e não vejo qualquer problema em admitir isso. Situações de emergência, essas eu consigo encarar; sangue coagulado, não. Nem placentas. Fico completamente paralisado diante disso, completamente. Na minha cabeça, presenciar um nascimento é como estar trancado num quarto com milhares de coelhos esfolados. Quando Tana veio e me disse que não queria me ter ao lado, senti um alívio do caralho. Eu ficava imaginando um alienígena.

Não acho, porém, que meus filhos me amem menos por eu não ter ido. Construímos laços mesmo assim. Às vezes, caminho pela King's Road e vejo caras com bebês no colo, nas costas, ao mesmo tempo em que, ao lado, suas esposas passeiam preocupadas com as próprias compras. Vocês não ficarão surpresos se eu disser que não sou assim. Eu os amava quando eram bebês, mas gosto muito mais deles hoje, quando podemos realmente nos comunicar.

De qualquer forma, tudo parece ter sido perdoado. Outro mês mesmo ganhei um prêmio de Pai do Ano. Acho que era da revista *Glamour*.

E como as coisas mudam. Pessoalmente, eu gostaria de ter mais um filho. Outro menino, talvez, para que não seja apenas eu e Jack contra todas aquelas mulheres. O problema é que Tana voltou a caber em suas calças, então acho que só me resta ficar sonhando.

No final das contas, obviamente, saímos de Stockwell e de nosso apartamento alugado e fomos para Wandsworth, em um lugar enorme, que costumava ser dividido em outros apartamentos. É uma casa maravilhosa, que se tornou famosa por si mesma. Graças ao *The F Word*, meu programa no Channel 4, criamos perus e porcos no jardim de trás. Tana ficou chocada; em ambas as ocasiões, ela não podia esperar para se livrar dos bichos. Porém, o que parece ter realmente chamado a atenção das pessoas foi a cozinha. Quer dizer, as duas cozinhas. Muitos casais têm pias e banheiros separados. A gente, não: temos aquilo que a imprensa gosta de chamar de cozinhas individuais. Tana fica na parte de baixo do térreo. Certa vez, numa publicação, descrevi sua cozinha como se fosse mobiliada pela MFI, o que é um pouco exagerado e provavelmente deixou Tana bastante puta, mas dá para entender o que quero dizer. Aquela é uma cozinha feita sob medida, e é lá que Tana — ou a mamãe, quando está conosco — prepara a refeição das crianças. Também era lá que ela costumava guardar algumas de suas aquisições mais extravagantes — comidas prontas, produtos com o nome do Jamie Oliver, essas coisas —, embora isso tudo já seja coisa do passado. Aquilo me dava nos nervos. Hoje em dia, Tana é uma ótima cozinheira — ótima o suficiente para ter publicado sua própria coleção de receitas.

Minha cozinha fica no térreo propriamente dito. É lá que gravo todas as tomadas para a nossa página e para a coluna que escrevo no *The Times*. Ela me custou cerca de 500 mil libras, e inclui um fogão principal do tamanho de um carro (no valor de 67 mil libras) e duas lava-louças. A maçaneta das portas foi inspirada na marcha da Ferrari, ao mesmo tempo em que o exaustor é completamente silencioso, além de ser poderoso a ponto de deixar o cabelo da Megan ereto se a colocarmos debaixo dele. Aquela cozinha é completamente minha, embora eu seja muito menos possessivo com ela do que o ventilado pela imprensa. Antes de mais nada, Tana é a única pessoa que sabe como usar alguns de seus apetrechos, incluindo a cafeteira. Se ela não está em casa, todo mundo tem de se virar com chá. Além disso, meus chefs estão sempre presentes, experimentando novas receitas, organizando as sessões fotográficas... De qualquer forma, sejamos sinceros: eu quase nunca fico em casa por muito tempo. Oferecemos jantares? Sim. No entanto, você não me verá perdendo tempo na cozinha, preparando um suflê rápido. Em casa, Tana prepara os pratos no andar de baixo, na cozinha da MFI; caso contrário, compramos algo para viagem, grelhamos alguma coisa... O que eu quero é tirar um tempo para mim. Não estou interessado em curtir as férias fazendo mais do mesmo. E isso não acontece porque a culinária não faz parte da minha vida. O problema está mais no fato de eu ser um perfeccionista, e por isso não seria lá muito divertido para os meus convidados se eu ficasse na cozinha. Não gosto de distrações enquanto preparo pratos. Preciso estar sempre focado. E, pelo que sei, meu tipo de foco não combina muito bem com conversinhas e aperitivos...

CAPÍTULO 12

BEM-VINDO À TELINHA

Minha primeira aparição na tv após o *Boiling Point* foi num programa da série *Faking It*, exibido pelo Channel 4. O programa trouxe de volta minha fé na televisão — embora eu precise admitir que, no início, os sinais não eram promissores. A ideia era eu treinar Jamie Simpson, dono de uma carrocinha de hambúrguer no norte da Inglaterra, para que ele se tornasse um chef de ponta. Jamie trabalharia comigo na cozinha do Royal Hospital Road e, ao final do processo, estaria pronto para competir com alguns chefs bons de verdade. Eu tinha apenas quatro semanas para realizar esse pequeno milagre.

No primeiro dia, me entra aquele porco com as mangas arregaçadas e os dentes amarelos. Ele tinha um chapéu ridículo, daqueles lanosos e chatos que os catadores de trapo costumavam usar quando eu era criança. Além disso, seu sotaque do Tyneside era inacreditavelmente marcado. Ficou claro que os produtores haviam me passado pouquíssimas informações antes da data prevista para começarmos.

Se eu soubesse que aquele indivíduo iria invadir minha cozinha, certamente não teria lhe dado seus 15 minutos de fama. Quando o coloquei para trabalhar, as coisas pioraram ainda mais: era óbvio que Jamie não entendia nada de culinária — ele não tinha nenhuma sensibilidade, nenhum tato, nenhum paladar, nada. Meu Deus.

Nos estranhamos de imediato. Ele chegou com o nariz em pé, repleto de certezas sobre si mesmo e sobre cozinhas. O cara não parava de falar coisas como: "essas tirinhas são do tipo *julienne*, não é?" Ao que eu respondia: "para o inferno com o francês. Para você, essas coisas são só tirinhas, está bem? Para o inferno com os cortes *julienne*, apenas faça algumas tirinhas para mim."

Então, ele ficava todo aborrecidinho. Jamie trabalhava para me contrariar o tempo todo. Como resposta, eu dificultava ainda mais as coisas. Eu sabia que não tinha muito tempo, então precisava derrubar as barreiras que ele erguera.

O problema é que estávamos no início do Royal Hospital Road, muito antes de inaugurarmos o Claridge's. Eu não podia deixar que ninguém fodesse com meu restaurante. Só que ele estava lá, morrendo de rir bem no meio do expediente. Certa noite, o levei para o lado de fora, a fim de ter uma conversinha. Então, lhe disse que não éramos dados a gritos e risadas na cozinha. Nosso trabalho era sério demais para isso.

— Porra, mas isso é simplesmente ridículo — disse ele. — É preciso rir um pouco.

— Sim, mas não entre as sete e as onze. Não estou nem aí para o que você vai fazer depois de cozinhar. Mas ai de você se eu te pegar rindo no meio do trabalho de novo.

No dia seguinte, o puto não voltou.

O produtor me perguntou se eu não poderia pegar um pouco mais leve com ele. Fiquei impressionado. "Como assim, um pouco mais leve? Ele precisa entrar no ritmo. Estou tentando fazer dele um chef sério, mas ele é osso duro de roer." Então, eu perdi um pouco a linha. "Veja bem, estou realmente contente por participar disso, mas vocês não arruinarão meu restaurante por causa de um maldito *Geordie** que só quer fumar seus rolinhos de Old Holborn a cada dois minutos." E aí eu fiz uma imitação da forma como ele segurava o cigarro entre dois dedos, seu rosto todo contraído e cerrado, assim como o barulho de sucção que costumava fazer quando dava uma tragada.

Por fim, tivemos uma enorme discussão. Depois, o conduzi para fora novamente.

— Por que diabos você está fazendo isso se não está disposto a tentar? — perguntei.

— Ninguém nunca me disse o que fazer antes — respondeu.

— Bem, então deixe-me lhe dizer uma coisa. Você está tendo uma chance de fazer algo realmente importante aqui.

Então, ele desatou a chorar e tudo veio à tona: seus problemas com a bebida, suas idas à reabilitação... Ficamos sentados durante três horas no meio-fio, e eu lhe contei sobre meus problemas com Ronnie e com o papai. Em seguida, saímos para comer algo juntos, quando, de repente, ei-lo: comprometimento, finalmente! No dia seguinte, na cozinha, ele ficou de cabeça baixa. Eu mal sabia que estava presente. Sua concentração era enorme.

Para o grande momento de clímax do programa, ele tinha de preparar um jantar para uma série de juízes, ao lado de um grupo de outros jovens chefs — alguns dos quais haviam treinado por cerca de dez anos. Os juízes precisavam decidir qual daqueles rapazes se tornaria um chef executivo e também tentar descobrir quem era o falso. Bem, podiam me foder se aquele filho da puta não ganhasse. Ele não apenas foi elogiado pelos juízes como levou a competição. Me senti extremamente orgulhoso. Teve uma hora em que os juízes começaram a passear pela cozinha, falando com cada um dos competidores por vez.

---

* *Geordie* é uma gíria referente a alguém originário da região de Newcastle. (*N. do E.*)

Quando chegou a hora de Jamie, o ouvi dizer: "Os senhores se importariam de me dar dois minutos para que eu possa terminar este salmonete?" Foi incrível a forma como ele ergueu uma de suas mãos e mandou os juízes calarem a boca porque estava num momento crítico do processo. Acho que apenas isso já teria sido suficiente; na cabeça deles, aquele cara muito dificilmente seria o falso. Eu teria adorado se Jamie prosseguisse e se tornasse um chef. Ele mostrou que tinha talento. Infelizmente, porém, não era para ser. Ainda assim, o programa foi vendido para os Estados Unidos, e do nada o pessoal da TV começou a se interessar por mim.

Após algumas iniciativas frustradas — eu começara algumas negociações com a BBC, a fim de fazer uma espécie de campo de treinamento culinário, levando para lá jovens e transformando-os em chefs; a proposta foi recusada sob a alegação de que o programa era muito "pesado" —, conheci Pat Llewellyn, que administra a Optomen, produtora responsável pelos programas do Channel 4. O *Kitchen Nightmares* foi inspirado numa série que a empresa também apresentou ao Channel 4, chamada *If You Can't Stand the Heat*. Nela, um cara chamado Pat McDonald visitava restaurantes falidos e lhes oferecia orientações. Eu conhecia McDonald desde os meus tempos de Harvey's. Lembro de quando apareceu por lá para mostrar a Marco um guerreiro samurai esculpido em banha de porco. Que desperdício. De qualquer forma, o programa foi um completo fracasso e afundou sem deixar vestígios. No entanto, um dos produtores da Optomen disse a Pat Llewellyn: veja bem, vamos tentar de novo, mas modernizando um pouco as coisas, pois a ideia ainda pode render. Foi isso, então, o que eles fizeram. Só que, dessa vez, a solução não era Pat MacDonald, mas eu.

A série tem sido um tremendo sucesso — e, para mim, ainda serviu para abrir os olhos daqueles que erroneamente acreditam que uma revolução culinária ocorreu no Reino Unido e que agora somos agraciados com restaurantes fantásticos por toda parte. Isso, para mim, é mentira. Os lugares que visitamos com o *Kitchen Nightmares* são horrendos: cozinhas sujas, chefs que usam molhos empacotados, salões que parecem saídos do *Mary Celeste*.* Vimos de tudo, e juro que cada uma das coisas que mostramos na TV é real. Há pouco tempo recebemos 75 mil libras do jornal londrino *Evening Standard*, por difamação. Numa de suas resenhas, seu crítico televisivo, Victor Lewis-Smith, alegou que um dos episódios de *Kitchen Nightmares*, filmado num restaurante chamado Bonaparte's, em West Yorkshire, fora manipulado; que eu e a Optomen havíamos cometido "mendacidade gastronômica"; que tínhamos contratado um chef incompetente e fabricado desastres culinários. Aquilo era uma completa bobagem, e por isso mesmo nós ganhamos — o restaurante *era* um desastre. Como eu disse após o encerramento do caso, nunca fizemos nada de maneira cínica ou fraudulenta. Não precisamos disso. Seria impossível embelezar a maioria daqueles lugares.

O título inicial do programa era *Ramsay's Restaurant Rescue*. Mas aí eu saí do primeiro estabelecimento que visitamos...

— Isso é um maldito pesadelo** — eu disse a Pat, com um olhar aterrorizado.

— É isso! Chamaremos o programa de *Kitchen Nightmares*. — Seus olhos emanavam um brilho animador.

— Foda-se o título — falei. — Acho que você não me ouviu. Aquilo lá dentro parece um filme de terror.

As pessoas acham que as coisas são manipuladas. De jeito nenhum. A equipe de produção não me dá qualquer informa-

---

* *Mary Celeste* foi um bergantim encontrado à deriva na direção do estreito de Gibraltar em 1872. (*N. do E.*)

** No original: "this is a fucking nightmare". (*N. do E.*)

ção antes de eu entrar nos lugares, e por isso minhas reações são completamente verdadeiras. Eu nunca encontro o proprietário dos restaurantes com antecedência, assim como também não leio seus cardápios. Se o fizesse, em pelo menos metade das vezes sequer me daria o trabalho de aparecer. Resumindo, o segredo do programa está em sua "crueza", em seu estado bruto.

Para dar um jeito em cada restaurante, eu passo por um turbilhão de coisas por oito ou nove dias. Nós mal dormimos enquanto estamos gravando. Para cada programa de 48 minutos, filmamos entre setenta e oitenta horas. O problema dos restaurantes começa quando eu saio. Quando os estabelecimentos não ficam cheios, seus donos entram em pânico. No entanto, você não pode mudar um negócio por completo em oito dias. O que dá para fazer é implementar algumas mudanças fundamentais, trabalhar o básico. Assim, quando voltarmos dois ou três meses depois, eles provavelmente estarão lá, a todo vapor. Uma coisa que sempre faço é me assegurar de que meus amigos, meus familiares e minha equipe de produção — até mesmo os críticos — irão até o restaurante para comer algo depois de minha partida. Eu diria que, em 75% das vezes, nós saímos com um saldo positivo, deixando o negócio com uma aparência melhor e os funcionários bem mais confiantes e contentes.

Curiosamente, os programas mais agradáveis para mim não são aqueles em que encontramos molho bechamel mofado no refrigerador, e sim aqueles onde o chef sabe cozinhar e conhece os ingredientes, mas está um pouco perdido. Acabei de filmar um programa com um cara que costumava ter uma estrela do Michelin; hoje, ele administra um restaurante em King's Lynn. Quase no fim da gravação, ele me colocou para fora, e a única forma de voltar era esperando do lado de fora até o início do horário do almoço, quando pude retornar como cliente.

Seus produtos eram da melhor qualidade. Até mesmo suas malditas salsichas vinham de Toulouse. O melhor cordeiro, o melhor pombo francês, os melhores queijos franceses. Coisa cara. O homem tinha todos os meus livros, e seu cardápio ostentava algumas de minhas receitas. Basicamente, ele achava que era eu, só que vivendo em KING'S LYNN. Precisei lembrá-lo do local onde ele estava tentando ganhar a vida.

— Como você decide o que vai entrar para o cardápio? — perguntei.

— Eu folheio meus livros de receita — foi a resposta.

Errado. É a sua localização que define o cardápio. O cara mal sabia do quanto precisava por semana para sobreviver. Ele tinha um negócio completamente adornado, mas estava perdendo dinheiro. Tudo se resumia ao seu ego, aos malditos diamantes de chicória que ele fazia para acompanhar um suflê de queijo. Ridículo. Ele era obcecado por legumes pequenos. Mas por que gastar 3,50 libras num saco de cenouras do Quênia se você pode comprá-lo por 90 centavos? Não havia dúvidas sobre sua capacidade culinária, mas ele não estava interessado na montagem; tudo o que queria era, no final, passar uma mão de pincel sobre tudo e assinar.

Existem muitos chefs assim no Reino Unido hoje em dia — chefs que estão à espera de medalhas e aplausos, mas que não prestam a devida atenção em qualquer coisa que esteja relacionada ao cliente. O problema é que, na verdade, tudo se resume ao freguês. Ninguém pode se esquecer disso, não importa a qualidade dos temperos.

Então, chegamos ao *Hell's Kitchen*, uma das piores experiências da minha vida. Originalmente, a ideia era termos duas equipes competindo entre si, das quais a segunda seria liderada por Anthony Bourdain, o chef bad boy de Nova York que escrevera *Kitchen*

Confidential. No início, o programa seria exibido no Channel 4, mas o plano foi por água abaixo e acabamos indo para a ITV. O Channel 4 adiantou a transmissão do *Kitchen Nightmares* para que ele antecedesse o concorrente, então aquelas semanas foram uma loucura.

Sinceramente, eu não imaginava que o programa seria tão grande — a escala da cozinha construída, o tamanho do restaurante... Enquanto isso, Chris estava: não, não, não, NÃO. Ele se mostrava extremamente contrário à ideia, alegan lo que aquilo nada mais era do que um reality show.

Eu, porém, era ingênuo. O desafio me seduzia — a ideia de ter aqueles novatos na cozinha e de comandar tudo ao vivo. Então, quando convenci alguns de meus funcionários, como Angela Hartnett, a me ajudar na organização das coisas, fiquei ainda mais entusiasmado. A possibilidade de ter amigos confiáveis comigo meio que selou as coisas para mim.

E aí tinha o lado financeiro de tudo aquilo. Eu achava que deveria fazer algo como 15 noites de televisão ao vivo. Para um programa como o *Kitchen Nightmares*, minha remuneração se encontrava em torno de cinco mil libras por episódio, e eu ralava muito. No entanto, a ITV estava me oferecendo quarenta mil por hora, então eu basicamente receberia meio milhão de libras por duas semanas de trabalho. Você não ganha tanto dinheiro assim como chef. Não estou dizendo que fiz aquilo pela grana, mas ela certamente ajudou. Na época, a Gordon Ramsay Holdings estava se expandindo e se desenvolvendo, e nós acabáramos de alugar um prédio novo. Por isso, a ideia de ganhar meio milhão por duas semanas era extraordinária. Até mesmo Chris ficou levemente balançado quando chegaram com a oferta.

Como ficou claro para qualquer um que assistiu a meros cinco minutos do programa, não fiquei muito impressionado quando conheci os competidores. Para ser sincero, eu nem sequer sabia quem era a metade deles. Eu nunca havia visto o Pub Landlord, então Al Murray, o comediante que o interpretava, me era completamente novo. Assim como Jennifer Ellison, a antiga atriz de *Brookside* que acabou por ganhar o programa — por alguma razão, eu achava que ela havia feito *Friends*.

Edwina Currie era o rosto que eu conhecia melhor. Era tudo um pouco estranho.

Além disso, após todos se posicionarem à minha frente, pude perceber que aquela tarefa era muito maior do que eu esperava. Como aquele grupo iria cozinhar num nível alto o suficiente para ser servido num restaurante? Mais especificamente, como eles fariam isso com a velocidade necessária?

O programa parecia amaldiçoado desde o início. Uma noite antes de inaugurarmos o restaurante *Hell's Kitchen*, o repórter investigativo Roger Cook caiu de sua cadeira e quebrou a perna. Em seguida, Tommy Vance, que era o DJ e o substituto de Roger, percebeu que não aguentaria o ritmo e caiu fora.

Depois disso, tudo passou a ser uma grande e longa disputa. Eu fiquei furioso com o pessoal da produção por causa da quantidade de bebida permitida aos competidores tarde da noite. Isso talvez tenha tornado mais interessantes algumas de suas tomadas, mas eu tinha um maldito restaurante para administrar. Para mim, era como se não tivéssemos controle. Então, falei para Angela e Sarge: "por que estamos passando uma boa imagem deles quando eles nos retribuem com tanta merda?"

Tínhamos uma sala que servia como confessionário, onde os competidores podiam choramingar e reclamar com um psiquiatra. Toda vez em que era preciso preparar os legumes, eles iam para aquela merda de sala. A atitude que tinham com relação a mim era: "não me azucrine." No entanto, diante deles eu ficava: por estarem aqui, vocês estão ganhando, no mínimo, entre 25 e trinta mil. Meus funcionários trabalham 12 meses para conseguir vinte mil pilas. Não faz duas semanas que vocês chegaram e já querem que eu beije seus rabos? E aí foi isso. As linhas de batalha foram traçadas. Todos eles deveriam se tornar cozinheiros, então eu os tratava como tais. Eu esperava que eles se esforçassem e fizessem o que tinham de fazer.

Após a primeira noite, os índices de audiência foram impressionantes. Algo como 9,9 milhões de telespectadores. E cada uma daquelas pessoas parecia dizer: puta merda, você viu aquele cara na cozinha? Não é possível que ele seja tão rude assim. Da noite para o dia, perdemos três milhões de telespectadores, e aí a imprensa realmente começou a pegar no meu pé. Os jornalistas responsáveis pelas manchetes se soltaram. Era tudo "Ramsay força a barra", umas merdas assim. Enquanto isso, eu me hospedava num hotel que ficava logo na esquina da rua do restaurante, localizado na Brick Lane. Cada uma de minhas noites de sono não passava de duas horas, enquanto eu era maltratado na mídia cinco dias por semana. Então, os competidores começaram a desistir, e eu me peguei pensando: ainda temos uma semana pela frente. Será que alguém ainda estará por aqui? Todo mundo tinha planos diferentes. Era um caos. Um caos completo.

O real problema do programa era o abismo existente entre minhas expectativas e as expectativas dos produtores e dos competidores. Os produtores só se importavam em fazer um programa de TV "realista", e tudo o que os competidores queriam era cuidar da forma como apareciam na série, ao mesmo tempo em que eu desejava administrar um restaurante decente e sofisticado. De alguma forma, eu achava que minha reputação estava em jogo. Para eles, aquele era o equivalente culinário do *I'm a Celebrity... Get Me Out Of Here!*, que levava os competidores para a floresta. No entanto, na selva, há lugares em que é possível se esconder. Na cozinha, não. Quanto a Angus Deayton, que estava apresentando o programa: inicialmente, ele e Danny Baker deveriam escrever os roteiros, mas então os dois tiveram uma espécie de grande discussão e Baker deu o fora. Portanto, Angus estava sozinho, e logo descobri que ele me ridicularizava por aí. Angus era extremamente sarcástico. Eu tinha à minha disposição um abrigozinho onde eu podia sentar e onde havia um sofá e uma geladeira cheia de Lucozade. Ele possuía uma trailer grande pra caralho do lado de fora, num estacionamento. Angus chegava com seu roteiro no fim da tarde, e tudo em que eu conseguia pensar era: estou aqui desde as seis da manhã. Eles queriam que eu conversasse com ele diante das câmeras — vocês sabem, um pouco de camaradagem —, mas, como o programa era ao vivo, era impossível me censurar. Ele, então, estava fodido. "Vá para o inferno, Angus", eu poderia dizer. "Não quero nem saber. Estou muito ocupado."

Eu fui até a ITV e disse: vocês terão de mudar alguma coisa radicalmente. É preciso arrumar alguns chefs com experiência — aquelas pessoas não são profissionais e estão à beira de um colapso. Foi, então, que briguei feio com a Amanda Barrie, a atriz de *Coronation Street*.

Ela estava certa de que tudo aquilo era uma espécie de armação, de que os competidores estavam sendo cuidadosamente manipulados. Esse pensamento envenenou sua cabeça paranoica até a hora em que ela tentou me agredir fisicamente. Ela realmente queria fazer aquilo, dava para ver em seus olhos. Naquele momento, eu dei o fora. Falei para a ITV: ela precisa sair. O que vocês estão esperando? Que alguém seja esfaqueado? Minha desistência nunca saiu na imprensa, mas devo confessar agora: aquilo ficou um inferno de verdade.

Além disso, algo realmente terrível aconteceu no banheiro do restaurante. Uma cliente encheu a cara e acabou desabando ali mesmo. Quando acordou, ela acusou o segurança que a encontrara de ter tentando estuprá-la. Então, do nada, às 3h30, o lugar ficou isolado, repleto de policiais, prestes a ser fechado. No final, descobriu-se que a mulher tinha perdido a mãe há pouco tempo; ela saiu do país no dia seguinte, e nem ela nem a polícia deram continuidade àquilo. A porra toda simplesmente tinha acabado por ali.

Naquela noite, voltei a pé de Brick Lane até Wandsworth. Fui direto pelo terrapleno, ainda vestido com meu uniforme branco. Acho que chegaram a mandar vários carros atrás de mim. Foi mesmo estranho. Eu me senti completamente confuso.

Pensei: se eles não me darão ouvidos, não vou mais fazer nada. Os competidores estavam saindo um atrás do outro, e a ITV simplesmente não aceitava isso. No dia seguinte, domingo, não houve a chamada matinal dos competidores porque eu não apareci. Naquele momento, a ITV finalmente concordou em dar a eles um domingo de folga, trazendo também alguns chefs com experiência. Então, aceitei voltar. No entanto, embora eu apoiasse um pequeno descanso para aquelas tais celebridades, não aceitaria ser tratado por elas como se fosse um monte de merda. Eu não passaria meus dias massageando seus egos. Mas de jeito nenhum.

Não há dúvidas de que Jennifer Ellison, que acabou vencendo o programa, trabalhou direitinho. Assim como Al Murray. Ele era o único que anotava tudo, que levantava cedo de manhã, que não saía para beber toda noite. Havia um nível de respeito ali, além de um bocado de talento. Até hoje, ele oferece ótimos jantares. Al é um cozinheiro bom pra cacete. Ele leva a sério o que faz, e é capaz de ficar completamente concentrado.

Abi Titmuss era completamente hilária, mesmo. Tudo o que queria era paquerar e discutir. Ela não acatava nada. No fim, pensei: não estou nem aí.

Obviamente, quem de fato me encheu a porra da paciência foi Edwina Currie. Essa foi dureza. Havia pessoas do público, e até mesmo alguns de meus colegas, que votavam para ela continuar só porque queriam vê-la me enrolando. Quando o programa terminou, um de meus amigos admitiu que gastara 400 libras tentando fazer com que ela ficasse. Edwina era preguiçosa pra cacete, além de completamente irritante. E a forma como ficava discursando em francês para mim... Ela sabia que eu odiava suas constantes choramingações.

A briga derradeira ocorreu quando ela se recusou a preparar o prato principal. Durante o dia, cerca de oito pessoas diferentes vieram até mim para dizer que Edwina não preparou. Minha atitude foi: não estou nem aí. Elas sabiam que eu ia perder as estribeiras, e foi isso o que aconteceu. Só não era a minha ficar no pé dela e lhe dar uma colher de chá. Eu estava cagando para o fato de que não teríamos pratos suficientes. A gente daria um jeito.

Então, o momento chegou. Eram cerca de 18h10 quando eu disse para Edwina:

— Onde está seu prato principal? O que você nos traz de bom?

— Não preparei nada — disse ela. O prato deveria ser galinha-d'angola.

— Como é que é?

— Essa não é minha especialidade, e além disso eu não gosto do prato. Então, me neguei a fazer.

O pessoal da produção estava indo à loucura. Eles não queriam perder mais competidores. Eu, porém, não estava nem aí. Iríamos brigar mesmo assim.

Eu olhei para ela e disse:

— Você está de sacanagem, não está?

— Perdão?

— Uma hora você está fodendo com o primeiro-ministro, e agora está tentando me foder pelas costas?

Aquilo simplesmente escapuliu. Eu não havia planejado dizer nada disso. Eu sabia o quanto ela estava ganhando. Sabia como todo mundo andava puxando o saco dela, morrendo de medo. Bem, eu não temia Edwina Currie, uma valentona que tinha dado para o primeiro-ministro. Sua saída soou como música para os meus ouvidos. Vaca escrota.

Fiquei extremamente aliviado quando a coisa toda acabou. Fui à festa de encerramento só por educação e para agradecer à equipe. Só que lá estava a namorada de Amanda Barrie, para me dar mais dores de cabeça. Foi patético. Então, fiquei feliz em dobro por aquilo estar acabando. Três dias depois, fui para a África do Sul correr uma dupla maratona. Abandonei depois de seis horas. Minhas pernas estavam fodidas. Aquela foi a primeira vez em que não consegui terminar uma corrida, e tudo por causa de Edwina Currie. Eu estava simplesmente exausto. Só isso.

Logo em seguida, recebemos um e-mail do Channel 4, dizendo que eles queriam fazer mais uma temporada de *Kitchen Nightmares*. O adiantamento que me pagariam passou de 50 mil para 100 mil libras. Fiquei impressionado. Então, a ITV me perguntou se eu não gostaria de fazer mais uma temporada de *Hell's Kitchen*. Eles propuseram um contrato de respeito. Ouvimos dizer que a Fox, nos Estados Unidos, estava interessada em fazer o programa, e a ITV afirmava que poderiam vendê-lo ao redor do mundo. Então, peguei um avião e fui me reunir com a Fox em Los Angeles. Dois dias depois, o Channel 4 chegou com a proposta de um milhão de libras para me manter por lá. No final das contas, eu fiz o programa para a Fox — fiz duas sequências, e assinei um contrato para fazer mais —, mas rejeitei a oferta da ITV, no Reino Unido. E por quê? Por diversas razões. Fiquei bastante contente por ter feito o *Kitchen Nightmares*.

Minha animação era grande. Ao mesmo tempo, o *Hell's Kitchen* não me parecia fazer muito sentido. Eu me preocupava com o que as pessoas pensavam de mim por causa dele, com o tipo de coisa que ele transmitia.

Na hora de o programa ir ao ar, todo mundo deu as caras. Tinha meu tio ao vivo da Escócia, do lado de fora de sua loja de tortas, havia jornalistas vasculhando meu passado... Toda a publicidade era muito negativa. Na GMTV, montaram uma carrocinha móvel para alimentar todos os clientes que estavam cansados de esperar pelo pedido. O programa atraiu um monte de imbecis, como o major tossegoso do programa *Who Wants to Be a Millionaire?* Ele começou a me sacanear no fogão elétrico. Na ITV2, Jordan estava fazendo a cobertura. Super-hilário. Lá estava ela, para cima e para baixo no tapete vermelho, lendo um cartão diante de seu maldito nariz. "Olá, e bem-vindos às porções extras de *Hell's Kitchen.*" Muito engraçado. O pior de tudo é que na GMTV estava Antony Worrall, o membro deformado dos Bee Gees, analisando todos os meus movimentos, dizendo para todo mundo como ele teria feito o meu trabalho. Que piada: ele não teria aguentado nada daquilo. E, obviamente, teria adorado ter um programa como o meu.

Era como se eu estivesse sob o risco de me tornar uma caricatura.

Por que, então, eu decidi fazer o mesmo programa nos Estados Unidos? Simples. O programa não era o mesmo. A Fox não usou celebridades — os competidores eram anônimos que realmente queriam cozinhar, e o prêmio para o vencedor, ao menos na segunda temporada, era a chance de ter um restaurante próprio em Las Vegas. (Pela primeira vez, eles ganhavam o suficiente para começar no ramo.) Aquilo se parecia muito mais com a ideia original que eu tivera anos antes e que fora rejeitada pela BBC — uma espécie de campo de treinamento culinário. Em outras palavras, aquela era uma competição real, dura. Da mesma forma, ela não era transmitida ao vivo, e isso tornava as coisas muito mais fáceis. Além do mais, o restaurante não abria todos os dias e eu era o responsável pelas demonstrações de talento e por cada uma das decisões culinárias — como a definição do local onde obteríamos nossas cenouras: no leste ou no oeste.

Hoje tenho cinco temporadas assinadas com a Fox. Não acho que exista um único chef no mundo que recusaria a quantidade de dinheiro que eles investiram no programa. E isso compensou: o índice de audiência é impressionante. O programa é um tremendo sucesso. E o melhor é que ele transmitiu uma imagem minha aos Estados Unidos com a qual eu só poderia sonhar.

Ainda assim, tomo cuidado com minha reputação. Não quero ser lembrado como um chef famoso que faz de tudo para aparecer. Foi por isso que, apesar da incrível oferta da BBC1, decidi permanecer no Channel 4. Preciso fazer programas em que a culinária — a comida — seja o mais importante. Sempre penso no *Good Food*, um programa da BBC que fiz sete anos atrás. Eu estava me apresentando no meio de alguns dos babacas do *Ready Steady Cook*. Dirigi até lá na noite anterior, após o expediente, exausto e bastante nervoso. Eu pensava: meu Deus, uma plateia de duas mil pessoas ao vivo, num estúdio. O público mal me conhecia na época.

Quando cheguei à sala verde, nos bastidores, encontrei Nick Nairn, Antony Worrall Thompson, Paul Rankin e Ainsley Harriott. Eles estavam seminus, despidos até a cintura, recebendo massagem nas costas. Ainsley esticou os braços e disse, com ar de superioridade: "Lembre-se, isso é apenas *show business*." Minha ansiedade desapareceu assim que ouvi aquilo. Subi no palco e fiz a mais maravilhosa das apresentações. Apenas pensei: ah, vão tomar no cu. Deixem-me cozinhar de verdade.

Falando sobre chefs famosos... Obviamente, após meus programas de TV, passei a fazer parte desse estranho mundo das celebridades — embora grande parte dele se resuma a um monte de merda. Nos restaurantes, já recebemos pessoas que vão de Pierce Brosnan a Beckham, mas não organizamos nada de especial para os famosos — não existe um número de telefone secreto para eles. Tentamos garantir sua privacidade, ainda que isso seja bastante difícil hoje em dia. Se as pessoas quiserem partir para cima deles e pedir que assinem um guardanapo, não há nada que possamos fazer.

Tana e eu nos aproximamos muito dos Beckham — passamos a véspera de Ano-Novo juntos —, e realmente fico triste quando as pessoas os encaram de maneira equivocada. Quando os conhece, você percebe o quão normais eles são e o quão normais querem ser. Comparado a eles, fui tratado pela imprensa de forma relativamente tranquila. Ela tem sido legal comigo. O mais frustrante é o jornalismo do talão de cheques, que é quando alguém se mostra feliz em aceitar dinheiro, celulares e um apartamento na Espanha para inventar uma história. É frustrante porque, uma vez publicada, não há volta, embora você possa revidar na semana seguinte. Eu tento trabalhar com a imprensa o máximo que posso. Você precisa encarar isso como um relacionamento, mas um relacionamento perigoso.

Por causa de tudo o que já fiz, algumas coisas incríveis acontecem. Eu recebo uma série de pedidos — será que você não poderia vir cozinhar na minha casa? Diga o seu preço, dizem. Geralmente, tenho de rejeitar as ofertas. No entanto, um desses pedidos era para que eu cozinhasse para Blair e Putin na Downing Street — e isso me entusiasmou. Cozinhamos para 14 dignitários no andar de baixo e, depois, para as mulheres, no apartamento localizado acima — o qual não passa de um apartamento como o de qualquer um, com iogurtes na geladeira etc. Os mordomos de lá eram impressionantes: as únicas pessoas que conheço que provavelmente têm pregas até nas cuecas. Cozinhar num lugar daqueles é fabuloso. É preciso levar tudo, da frigideira ao detergente. No entanto, a melhor coisa daquele almoço foi o fato de Anton Mossiman estar preparando canapés para a imprensa!

Para Blair e seus convidados, fizemos uma maravilhosa terrina de pernil de porco e algumas percas do mar, às quais se seguiram uma torta de melado. Durante um breve segundo, me vi entre Blair e Putin, e esse foi um daqueles momentos em que não pude deixar de pensar que cheguei longe. Posso dizer que os Blair adoram uma boa comida, e, após aquela ocasião, Cherie me convidou para preparar um jantar no Chequers, durante um evento beneficente. Foi muito bacana.

Outro momento que me fez perceber o quão longe eu havia chegado foi quando, naquele mesmo ano, participei do UNICEF Soccer Aid. Era um jogo de futebol onde um time da Inglaterra enfrentava uma equipe do resto do mundo. Os ingleses tinham Robbie Williams como capitão, enquanto era eu quem comandava o time do resto do mundo. Robbie é quem tivera a ideia — ele é embaixador da UNICEF. Eu o conheci através do restaurante, acho. Louco pelo esporte, ele me disse: "Você é tão apaixonado por futebol como eu. Ainda assim, eu sou um cantor e você é um chef, e nenhum dos dois pode fazer o que mais gosta."

Aquela era uma oportunidade extraordinária. Não é todo dia que você está no túnel do Old Trafford com uma multidão de 75 mil pessoas do lado de fora e com as mãos de Diego Maradona nos seus ombros. No entanto, eu estava machucado, com uma ruptura no quadríceps, e por isso acabei jogando só 45 minutos. Ainda assim, enfrentar Gazza, Tony Adams e Jamie Redknapp...

Eu não fiquei nervoso até o momento em que entrei no campo e escutei a torcida. Aí eu quase vomitei. O clima era absolutamente fantástico, e fomos recebidos da forma mais espantosa possível. Mas então, enquanto estávamos nos aquecendo, correndo para lá e para cá na linha lateral, Alastair Campbell tropeçou no próprio pé. A partir daí tudo ficou mais tranquilo. Nove milhões de pessoas estavam assistindo a partida pela televisão, mas pensamos: bem, já podemos relaxar, pois o Alastair já pagou um micão. Eles ganharam de 2 a 1, mas o jogo foi duro.

Além disso, tenho ainda meus livros de receita. O primeiro deles foi completamente elaborado, complexo — uma obra de arte, mesmo. Hoje, os encaro como complementos dos meus programas televisivos: as pessoas veem como determinada receita é preparada e, se tudo der certo, ficam interessadas e desejam saber mais. Então, elas vão até a livraria e compram o livro para tentar fazer as coisas em casa.

Eu mesmo me valho dos livros — essa história de que os chefs não os utilizam é um mito. Se tenho de preparar um estufado lento, sempre recorrerei a uma autoridade como Escoffier. Os chefs, obviamente, se preocupam demais com a "imagem" do prato. Eles cozinham com os olhos, portanto tudo precisa parecer uma obra de arte. Seu desejo é que os pratos pareçam deslumbrantes, e eles ficam excitados quando veem aquela pequena demonstração de magia.

Eu possuo cerca de 3.500 livros de receita. Por todos os lugares que passo, acabo somando mais um. Muitos são presentes, outros eu compro. Tenho uma conta na Books For Cooks, uma loja fantástica em Notting Hill.

Alguns dos livros mais recentes são extremamente caros. O último lançado pelo El Bulli, o excelente restaurante de Ferran Adrià, localizado nos arredores de Barcelona, foi uma edição limitada ao melhor estilo mesinha de centro. Era um produto impressionante, como uma Bíblia gigante e negra. De qualquer forma, só aquilo deve ter custado umas 250 libras.

Será que ainda consigo aprender algo com todos esses livros novos? É claro que sim. Devo ter mais de cinco mil receitas à disposição. E nunca preciso checar os tempos ou as quantidades. Você pode usar os livros para se inspirar — em especial alguns mais antigos, como o Escoffier e até mesmo a Elizabeth David, que é absolutamente inspiradora —, mas é impossível aprender a cozinhar com eles. Isso não dá. É preciso um pouco de talento natural.

Eu visito cozinhas em todo o país enquanto estou fazendo o *Kitchen Nightmares*, e a história é sempre a mesma. Você vê um livro na prateleira e, depois, um prato em que o chef copiou até a última gota da cobertura de chocolate. Você aí pega o garfo, enfia no negócio e descobre que o sabor é uma merda, uma desgraça completa. Deixe-me explicar: se eu pegar dez cozinheiros de minha cozinha e cada um deles usar a mesma receita para fazer um maravilhoso coq au vin, você terá dez pratos completamente diferentes. Tudo se resume a talento e instinto. Nunca é demais dizer isso.

E quem eu recomendaria para aquele que cozinha em casa? Nigel Slater, sem dúvida alguma. As coisas dele são profissionais. Ele não é um chef, é um cozinheiro. Nigel nunca entrou na moda e nunca sairá de moda, pois sua qualidade é atemporal. No ano passado, o *Roast Chicken and Other Stories*, de Simon Hopkinson's, foi eleito o livro de receitas mais útil de todos os tempos. Eu, porém, não teria tanta certeza. Para mim, Nigel Slater é sempre o nome certo. Ele é inacreditavelmente bom.

Contudo, são os restaurantes que realmente me ocupam. O Aubergine foi batizado em homenagem a um lugar três estrelas em Montreux. Eu adorava aquele nome, que em inglês significa "beringela". Como acho que as pessoas ficam ao mesmo tempo intimidadas e interessadas diante delas, o título era duplamente inspirador, além de memorável. Eu costumava brincar dizendo que estava enforcado como uma beringela no galho... mas parei com isso. Com o Maze — "labirinto", em inglês —, nosso restaurante completamente inovador, onde os clientes pediam uma série de pequenos pratos, queríamos que a ideia transmitida fosse a de pessoas se virando com o cardápio. Muita gente achou que queríamos dizer *mace*, como a noz-moscada em inglês, mas era *maze* mesmo.

A maioria dos restaurantes recebe o nome de seus chefs. O Pétrus homenageia o clarete mais famoso e magnífico do mundo, enquanto o La Noisette ("avelã", em francês) é simplesmente memorável, um tremendo sucesso — ele foi inaugurado apenas no último verão e já vive lotado. Aberto no lugar em que se localizava o Pengelley's, o La Noisette finalmente parece ser o restaurante certo para o local. Procuramos por nomes que deslizem na boca, que sejam memoráveis e fáceis ao mesmo tempo. Acho que o Nobu (o restaurante japonês com filiais em Los Angeles, Nova York e Londres) tem sido um exemplo muito inteligente de como uma palavra de quatro letras pode ficar na cabeça. Tudo o que se quer é um nome que seja conhecido por todo o mundo. Porém, se a comida e o serviço não estiverem bons... bem, aí o nome deixa de ter qualquer relevância.

EPÍLOGO

NO INÍCIO DE JULHO DE 2006, fui até o Holyrood Palace, em Edimburgo, para receber da rainha minha Ordem do Império Britânico. Levei comigo a mamãe, Tana e Megan — três gerações de mulheres da mesma família. Para mim, esse prêmio é de grande importância; ele é uma confirmação pequena e visível do quanto cheguei longe, de que estou fazendo tudo certo. Porém, o mais importante é que ele foi dado em reconhecimento por tudo o que fiz pela minha área de atuação; nada disso tem a ver com minhas aparições na TV. Acho que foi isso o que me deixou mais feliz. Eu me senti muitíssimo orgulhoso. Em seguida, saímos para comer um agradável almoço e levei as meninas para umas comprinhas na Harvey Nichols. Aquele foi um dia perfeito.

Porém, enquanto encontrar a rainha e tentar não passar vergonha, está longe de ser um ponto final. As pessoas muitas vezes me perguntam se chegará um dia em que acharei suficientes os restaurantes do meu grupo e as estrelas do Michelin do meu currículo. Para ambas as perguntas, a resposta é "não". Quanto aos restaurantes, continuaremos inaugurando enquanto a qualidade for mantida. O importante é que as pessoas percebam que o Gordon Ramsay Group não é uma rede. É uma maravilhosa reunião de talentos individuais. No que diz respeito aos prêmios do Michelin: Alain Ducasse possui três conjuntos de restaurantes três estrelas, em Nova York, Mônaco e Paris. Ou seja, conquistar isso é definitivamente possível. Meu objetivo é esse.

Além disso, o chef norte-americano Thomas Keller ganhou dois lotes de três estrelas. Portanto, se sinto alguma coisa, é que estou ficando para trás, que ainda não conquistei tudo o que sou capaz. Olho para Ducasse e Keller e penso: tenho muito trabalho a fazer. Felizmente, o tempo está ao meu lado. Estou dez anos à frente deles. E tem a minha equipe, que deseja isso tudo tanto quanto eu. Eles estão sedentos. O que os céticos diante de nossa expansão não conseguem entender é que não atingimos um equilíbrio e esmorecemos; simplesmente melhoramos cada vez mais. Mark Sargeant, que hoje trabalha no Claridge's, está no auge de sua disposição; se abrirmos um restaurante em Praga, ele montará. Stuart Gilles, atualmente no Boxwood Café, talvez seja enviado para Amsterdã. Angela inaugurará um estabelecimento em Miami e, se isso der certo, também acabará em Nova York.

Ah, claro. Nova York. A capital mundial dos restaurantes. Nosso primeiro empreendimento nessa cidade fantástica está prestes a acontecer, e fazer dele um sucesso será o maior e mais importante desafio da minha carreira. Como dizem por aí, se as coisas derem certo em Nova York, elas darão certo em qualquer lugar — e ninguém conseguirá me deter, não importa o quão disposto estiver a isso.

"Estamos loucos para ver você sucumbindo em Nova York", dizia um e-mail anônimo que recebi. "Queremos depená-lo."

Em Nova York, nós almejamos as três estrelas. O guia norte-americano do Michelin sai em novembro, então, após a inauguração, teremos um ano para que esse objetivo seja alcançado.

Se acho que somos capazes de fazê-lo? Porra, é óbvio que sim. O restaurante ficará maravilhoso. Os ingredientes que se podem conseguir em Nova York são extraordinários. Serviremos uma perca assada maravilhosa, que virá acompanhada de uma *bouillabaisse* com moluscos e capim-limão. O toque final da perca será feito com caviar e azeite. Como concorrentes, terei grandes chefs, tais quais Daniel Boulud e Jean-Georges Vongerichten. Mas, como eles estão cagando para o que estou fazendo, também tentarei cagar para o que eles estão tramando. Meu maior teste será a chegada dos críticos de culinária do *New York Times*.

Apenas identificá-los não será o suficiente, embora seja certo que todos na cozinha conhecerão seus rostos quando inaugurarmos. Não haverá um momento em que poderemos relaxar, nem sequer por um segundo.

Nova York é uma grande aposta. O orçamento ficou em 2,5 milhões de dólares, e os custos já ultrapassaram os seis milhões. Minha animação é tão grande que estou chegando ao ponto de não conseguir pensar em quase mais nada. No entanto, posso sentir as ideias surgindo na minha cabeça, e sei que tanto os críticos quanto os clientes ficarão desnorteados.

Nossa relações-públicas nos Estados Unidos sugeriu que organizássemos um conselho palativo antes de abrirmos. Eu sentei e a escutei com a devida educação, e aí disse: "Sem querer ofendê-la, mas eu estou com 39 anos e já tenho três estrelas do Michelin em Londres. A senhora acha que não estou preparado para fazer uma pesquisa? Deixe-me lhe dizer algo: não estou colocando minha bunda de fora no alto do Empire State para que todos possam vir e apertá-la. As coisas não funcionam assim. Pode acreditar."

O que quero dizer é que estou pronto para Nova York. Eu estou pronto para qualquer coisa.

As pessoas muitas vezes me perguntam sobre como os hábitos alimentares mudaram desde a época em que me tornei um chef.

Minha resposta é sempre a mesma: sim, os hábitos mudaram, mas ainda temos um trabalho de cão pela frente. Recentemente, uma grande empresa de supermercados entrou em contato conosco para pedir que endossássemos sua última linha de comidas prontas. Quando recusamos, o imbecil que nos procurou teve a audácia de nos mandar um e-mail dizendo que um dos pratos em questão vendia dois milhões de libras semanais e que estávamos sendo burros em não topar a proposta. Esse tipo de coisa me assusta. A cada passo que damos para frente, damos dez para trás. Os supermercados ainda são extremamente poderosos enquanto os hábitos alimentares continuam ociosos demais.

Ainda não acho que as pessoas cozinhem o suficiente, independentemente do número de livros sobre alimentação que elas compram ou dos programas televisivos a que assistem. Há pouco tempo, encabecei uma campanha para que as famílias britânicas voltassem a almoçar juntas no domingo, então dá para ver que penso muito nisso. A verdade é que, hoje, nós temos muito dinheiro, e isso pode ser percebido em tudo que é canto. A maioria dos chefs que adentra minha cozinha espera começar com salários de 25 mil libras; eles acham que essa é a quantia de que precisam para sobreviver. Para mim, o dinheiro, longe de estimular a criatividade culinária, a sufocou. Precisamos voltar nossa sensibilidade para os ingredientes, para a diminuição dos gastos da cozinha. Precisamos nos aproximar, examinar, amar e atentar para aquilo que comemos.

Até agora, independentemente do que digam por aí, a maior parte da revolução culinária em nosso país se resumiu a Londres. Existem exceções, mas não são muitas. Vejam a França: a alimentação de lá ainda é completamente regional. Você vai para Lyon, para a Bretanha, para Bordeaux, para Aix-em-Provence ou para Champagne e sabe onde está pela comida que está comendo. É extraordinário. Por isso, as pessoas que saem por aí dizendo que os restaurantes de Londres são hoje melhores do que os de Paris deveriam comparar os locais que podem ser encontrados em Chelmsford com os locais que podem ser encontrados a quarenta quilômetros da capital francesa. Nós estamos muito atrás, muito. Vá até um posto de gasolina na França. Você poderá encontrar galinhas d'angola com lentilha ou cordeiros fantásticos, servidos com feijão vermelho. A Little Chefs não emprega CHEFS; ela emprega pessoas que conseguem utilizar as tecnologias instaladas e aquecer comida pré-cozida. Ainda assim, há filas ao lado de suas lojas. FILAS. Se isso não é deprimente, eu não sei o que é.

Isso não quer dizer, porém, que eu não tenha esperanças de que as coisas melhorem, segura e lentamente — e eu estou disposto a fazer tudo o que puder para modificar os hábitos britânicos. Como vocês já devem ter percebido, uma boa comida é importante para mim. Ela pode transformar uma vida. É só ver o que aconteceu comigo.

Este livro foi composto na tipologia Sabon LT Std,
em corpo 12/16,5, impresso em papel offset 90g/m²,
no Sistema Cameron da Divisão Gráfica
da Distribuidora Record.